Christoph Bultmann |
Birka Siwczyk (Hrsg.)
Tolerant mit Lessing
Ein Lesebuch zur Ringparabel
344 Seiten | 13,5 x 19 cm | Paperback
ISBN 978-3-374-03136-8 € 14,80 [D]

Zum Themenjahr der EKD im Rahmen der Lutherdekade »Reformation und Toleranz« bietet der Band aktuelle Interpretationen des Kernstücks von Lessings Schauspiel Nathan der Weise. Die vielfältigen Texte sollen Diskussionen anstoßen, damit die Ringparabel ihre bildliche Kraft auch in der Gegenwart entfalten kann, in der es nicht nur um Toleranz, sondern auch um Anerkennung und Verständigung im Dialog geht. Der Kontext der Ringparabel wird durch eine ergänzende Auswahl von Lessings provokativen Ideen über religiöse Traditionen erhellt, denn heute ist eine selbstkritische Theologie der Religionen gefragt.

Das Buch erscheint auf Anregung des Beirats der Arbeitsstelle für Lessing-Rezeption in Kamenz und enthält Beiträge aus theologischer, religionsphilosophischer und literaturwissenschaftlicher Sicht.

Bestell-Telefon 0341 7114116 · Fax 0341 7114150 · vertrieb@eva-leipzig.de

Internetadressen für PGP-Leser/innen

Bücher und Verlage

bibelonline.de

Der ONLINE-SHOP der Deutschen Bibelgesellschaft

Bethel

v. Bodelschwinghsche Stiftungen Bethel

www.bethel.de

MAGDALENEN

Glückwunschkarten zu jedem Anlass
Geschenkbücher, Kalender

www.magdalenen-verlag.de

www.christliche-geschenke.de

Aktuelle Predigten online

zu einem Ereignis der Woche und dem vorgegebenen Predigttext

www.buhv.de/predigtaktuell

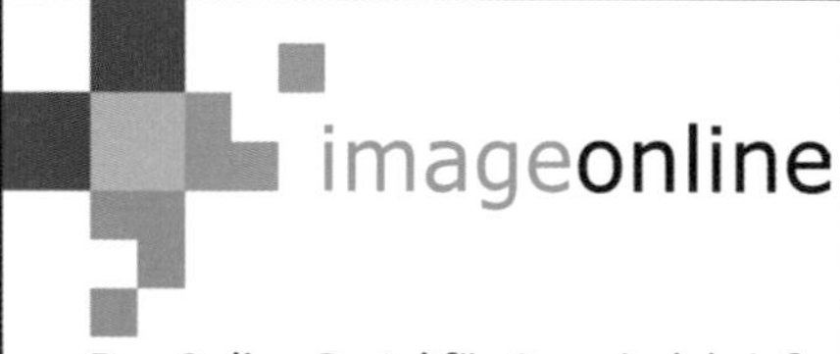

Das Online-Portal für Gemeindebriefe. Fotos, Grafiken und Texte für Ihre Öffentlichkeitsarbeit.

www.pfarrbrief.de

WWW.SONNTAG-SACHSEN.DE

Kircheneinrichtungen

Sitzmöbel für Gemeinden
www.kaweo.de

Reisen und Erholung

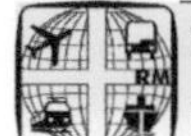

Veranstalter **Reise Mission**
www.reisemission-leipzig.de

kulTours | weitweg nahdran

Gemeindebildungs-Reisen
Hotline: 07141-97543-10
www.kultours.net

zum Beispiel:
Israel/Palästina
Armenien
Schottland
Äthiopien
Jakobsweg
Malta
Jordanien
Marokko
und und und

OST & FERN
Reisen erleben mit dem Spezialisten
FASZINATION RUSSLAND
Kirchen - Kultur - Kontakte
www.ostundfern.de

Serviceleistungen für die Kirchen

ALTHAUSEN ✚ STOLZENHAIN
ANWÄLTE FÜR DIE KIRCHE

Kanzlei Berlin Mitte
RA Stephan Althausen · 030–44010644
Kanzlei Halle (Saale)
RA Kaspar-Ludwig Stolzenhain
0345–6820406

www. kirchenanwalt.de

Werbung

Buchvertrieb • Werbung
Anzeigenvertretung

Deutsches Pfarrerblatt
Theologische Literaturzeitung
Praxis Gemeindepädagogik
Ökumenische Rundschau

Beraten – Planen – Realisieren

Rainer Ott Media
Tel: 07272 919319 • Fax: 07272 919320
ott@ottmedia.com • www.ottmedia.com

Anzeigenschluss für die nächste Ausgabe ist der 13. September 2013.

Hier könnte Ihr Eintrag stehen

z.B. 50 mm h. x 58 mm b. = 250 Euro jährlich (5 Euro pro Millimeter)

Erscheinungstermine: Januar, April, Juli, Oktober

Buchungen und Infos über:
Rainer Ott Media
Tel. 07272 / 91 93 19 / Fax. 07272 / 91 93 20
ott@ottmedia.com

Mehr fürs PGP-Abo gibts unter www.praxis-gemeindepaedagogik.de

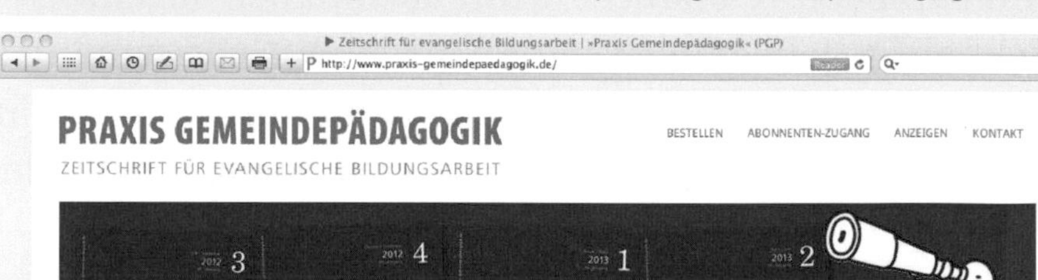

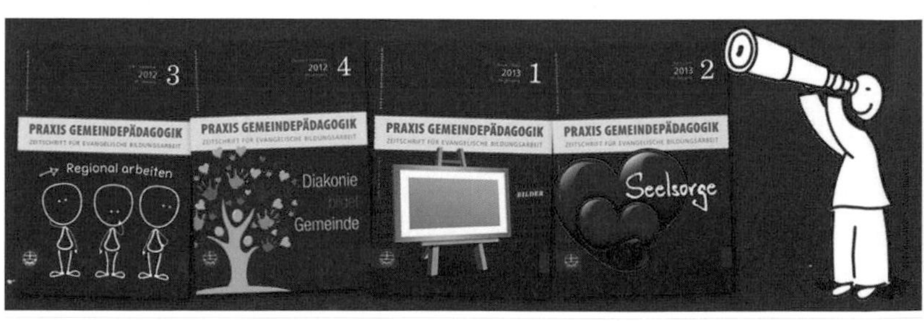

Entdecken Sie die PRAXIS GEMEINDEPÄDAGOGIK, Zeitschrift für evangelische Bildungsarbeit

INDIZES

- PGP-Ausgabe 4/2012: Diakonie bildet Gemeinde
- PGP-Ausgabe 3/2012: Regional arbeiten
- PGP-Ausgabe 2/2012: Singles
- PGP-Ausgabe 1/2012: Natur erleben
- PGP-Ausgabe 4/2011: Übergänge begleiten
- PGP-Ausgabe 3/2011: Engel
- PGP-Ausgabe 2/2011: Mission bildet – Bildung missioniert
- PGP-Ausgabe 1/2011: Praxis entwickeln – konzeptionell arbeiten

ÜBER UNS:

Unsere Quartalszeitschrift unterstützt und begleitet die gemeindepädagogische Praxis in der evangelischen Kirche bereits im 65. Jahrgang mit Materialien und Methoden, Anregungen zur Reflexion und konzeptionellen Weiterentwicklung, theoretischen Hintergründen und Perspektiven gemeindepädagogischer Praxis und ihrer Beruflichkeit.

Ein Jahresabonnement der »Praxis Gemeindepädagogik« (PGP) umfaßt sowohl die Zustellung von vier Heften (einschließlich Jahresregister) als auch den Zugang zur Internet-Version der umfangreichen PGP-Datenbank (Download, Registerrecherche, Themenblätter und Rahmenplan).

* WERBUNG * INTERNETADRESSEN FÜR PGP-LESER/-INNEN

Zugänge

Praxisfelder

Hintergründe

Praxisentwürfe

Materialien

Ehrenamt begleiten

Jahresthema »Reformation und Toleranz«

Gemeindepädagogisches Forum

Tipps und Links zum Thema

Aktion Mensch: Was ist Inklusion?
http://www.aktion-mensch.de/inklusion/
Mit einem Video: Inklusion in 80 Sekunden erklärt.

Inklusionswörterbuch Land Brandenburg, bezogen auf Schule:
http://www.inklusion-brandenburg.de/woerterbuch.html

Inklusion Lexikon der Universität Köln:
http://www.inklusion-lexikon.de/
Eine Sammlung grundlegender Begriffe zum Themenfeld Inklusion. Das Lexikon befindet sich im Aufbau. Die Begriffe sind alphabetisch geordnet und über eine Buchstabenleiste einzusehen.

PTI der Evangelischen Kirche in Mitteldeutschland: Eine kommentierte Auswahl von Materialien mit schul-, religions- und gemeindepädagogischen Aspekten über Inklusion:
http://pti.ekmd-online.de/portal/quali-beratung/5-Inklusion/

Da kann ja jede(r) kommen. Inklusion und kirchliche Praxis.
Eine Orientierungshilfe der Evangelischen Kirche im Rheinland
Herausgegeben von der Abteilung Bildung im Landeskirchenamt und dem Pädagogisch-Theologischen Institut der EKiR:
http://www.ekir.de/pti/Downloads/Da-kann-ja-jeder-kommen.pdf

© Jag_cz - fotolia

VORWORT

Liebe Leserinnen und Leser,

Inklusion wird bereits seit einiger Zeit in unterschiedlichen Bildungsbereichen, vor allem in der Schulpädagogik und in Bezug auf die frühe Bildung in Tageseinrichtungen für Kinder diskutiert. Thematisiert wurde sie zuerst vor allem im Blick auf Förderpädagogik bzw. auf Kinder und Jugendliche mit besonderem Förderbedarf: Welche Begründungen gibt es dafür, bestimmte Menschen in gesonderten Einrichtungen zu betreuen, zu erziehen und zu bilden? Und wer definiert mit welchem Recht und mit welchen Interessen solche Unterscheidungen und bestimmt, welcher Mensch wohin gehört?

Insbesondere am Schulsystem mit seinen vielfältigen Untergliederungen kann gezeigt werden, wie Entscheidungen darüber, welche Bildungseinrichtung besucht wird, lebenslang wirken – für die einzelnen Lebensläufe ebenso wie für die Aufgliederung der Gesellschaft in Interessengruppen, soziale Schichten und Milieus. Nicht zuletzt in den Kirchen spiegelt sich diese Sortierung wider.

Der bisherige Ansatz der Integration ist deshalb in die Kritik geraten. Denn Integration bedeutet, dass da jemand jemanden als anders Definierten in ein vorgegebenes System eingliedert. Das eingliedernde System muss sich nicht ändern, vom Eingegliederten wird oft stillschweigend oder ganz offen Anpassung erwartet. Ein gutes Beispiel dafür sind die klassischen Erwartungen an Menschen mit Migrationshintergrund, sich in den Wertekanon einer sogenannten Mehrheitsgesellschaft einzupassen. Inklusion geht stattdessen von einem Ko-Konstruktionsprozess aus. Zusammenleben unterschiedlicher Menschen wirkt sich auf jeden und jede in je individueller Weise und damit auch auf die umgebenden (sozialen) Systeme aus. Inklusion erfordert damit aber einen grundlegend anderen Zugang zu Menschen und sozialen Realitäten.

Inklusion ist inzwischen ein politisches Programm geworden. Das ist nicht nur eine gute Situation, denn es birgt die Gefahr in sich, dass politische Programmatik zu hohlen Schlagwörtern verkommt, ja die gute Absicht, wenn sie nicht inhaltlich gefüllt wird, schnell subversiv unterwandert wird durch die Beharrungen üblicher Praxisroutinen. Und in der Tat hat auch der Inklusionsbegriff Problematiken, weil auch er schnell normativ überhöht wird und eine Floskel bleibt. In der Fachdebatte ist deshalb der Begriff der Unterschiedlichkeit (›Diversity‹) eigentlich tauglicher. Die angenommene und jeweils individuell und sozial gedeutete Wirklichkeit ist nicht einheitlich, einfarbig, eintönig, generell …, sondern bunt, unterschiedlich, je eigen, individuell, situativ, konkret. Und die Bedingungen für Praxisvollzüge sind komplex, anstatt monokausal zu erklären und direktiv zu lenken. Unterschiedlichkeit braucht Wahrnehmung, Deutung und Gestaltung (›Diversity-Management‹).

Unser Titelbild weist darauf hin: Ab dem Moment, da die Wirklichkeit nicht mehr unter der Einheitsbrille gesehen wird, zeigt sich auch die eigene Wirklichkeit (in diesem Fall der eigene Fußabdruck) bunt, vielfältig, komplex … Das hat tiefgreifende Konsequenzen auch für die evangelische Kirche, nicht zuletzt im Blick auf die in Mode gekommene Suche nach »dem evangelischen Profil«. Es kann – inklusiv gedacht – nicht darin bestehen, ein Einheitsbild zu entwerfen, sondern nur darin, Unterschiedlichkeit zu gestalten und zugleich nach Gemeinsamem zu fragen und zu suchen.

Die Beiträge in dieser Ausgabe zeigen solche Dimensionen: Sie beschreiten Wege durch die Praxis und Theorie und stellen fest, dass vielleicht gerade das Bewusstwerden der Vielfalt neue Perspektiven eröffnet, anstatt dass sie vorrangig als Gefahr und Bedrohung gesehen wird. Dass dabei einige Gewissheiten und Vorannahmen zur Disposition stehen, zeigen unter anderem Einblicke in die Auseinandersetzung um biblische Grundlagen oder die Fragen nach künftigen Berufsprofilen und Anstellungsbedingungen.

Auch unsere Redaktionsarbeit entwickelt sich weiter und erhält neue Farben: In Zukunft werden Dr. Lars Charbonnier (Berlin) und Inga Teubner (Hannover) mitarbeiten. Das freut uns sehr und wir heißen sie herzlich willkommen! Prof. Dr. Beate Hofmann müssen wir aufgrund beruflicher Veränderungen verabschieden – verbunden mit einem herzlichen Dank für die konstruktive, zuverlässige, inhaltlich sehr bereichernde Zusammenarbeit und begleitet von unseren Segenswünschen!

Herzlich grüßt aus der Redaktion

Matthias Spenn

Matthias Spenn,
PGP-Schriftleiter

»Mache dich auf …«

Petra Müller

Das Erscheinen dieses Heftes fällt in die Trinitatiszeit, die oft als die ›festlose‹ Zeit bezeichnet wird. Nach den großen Festen geht das Kirchenjahr mit dem Trinitatisfest in die zweite Hälfte. Die Sonntage tragen nun nicht mehr wie in der Passions- und Osterzeit lateinische Namen, sondern sie gehen zu einer nüchternen Zählung über. Im Höchstfall liegen 24 Sonntage nach Trinitatis vor uns.

Trinitatis führt uns zur »Dreieinigkeit«. Seit fast 30 Jahren begleitet mich die russische Ikone »Heilige Dreifaltigkeit« von Andrei Rubljow aus dem 15. Jahrhundert. Zum ersten Mal war sie mir bei der Jesusbruderschaft in Gnadenthal begegnet. Sie hing in jeder der einfach gehaltenen Gästezellen, aber auch in der Kapelle des »Hauses der Stille«. In meiner Wohnung hat sie im Laufe der Jahre immer wieder einmal den Platz gewechselt. Momentan hängt sie über meinem Schreibtisch im häuslichen Arbeitszimmer.

Während ich diese Betrachtung schreibe, fällt immer wieder mein Blick auf diese Ikone. Je länger ich nachdenke, desto mehr entdecke ich eine Parallele zwischen der Ikone und dem Thema dieses Heftes.

Inklusion ist ein Menschenrecht – so proklamiert es eine Konvention der Vereinten Nationen: Teilhabe und Chancengleichheit für alle. Es geht darum, die Vielfalt und Verschiedenheit konstruktiv zu nutzen und zu gestalten. Wenn ich auf die Ikone schaue, dann scheint mir die Einheit in der Vielfalt mehr als ein Menschenrecht zu sein. Sie ist göttlichen Ursprungs, sie ist Gottes ursprüngliche Absicht. Die drei so verschiedenen Personen Gottes – Vater (Mutter), Sohn und Heiliger Geist (Heilige Geistkraft) –, dargestellt in der Gestalt von drei Engeln, werden durch das künstlerische Mittel der Linksneigung der Köpfe zu einer lebendigen Gemeinschaft. Aus drei Einzelpersonen wird eine Einheit – bei aller Verschiedenheit, die besonders durch die unterschiedlichen Gewänder zum Ausdruck kommt:

- Gott Vater, von dessen blauem Untergewand nur ein kleiner schmaler Streifen sichtbar ist, das aber sanft durch das helle Obergewand durchschimmert,
- Gott Sohn, der das blaue Gewand rechts als Überwurf über das purpurfarbene Untergewand trägt und
- der Heilige Geist, bei dem zum Blau der Gottheit im Untergewand das schöpferische Grün des Obergewandes tritt.

Gott ist nicht einheitlich, sondern vielfältig.

Inklusion kommt immer mehr in unser Bewusstsein. Beim 34. Deutschen Evangelischen Kirchentag im Mai dieses Jahres in Hamburg war es ein leitendes Thema und Prinzip. Die gastgebende Landeskirche, die Evangelisch-Lutherische Kirche in Norddeutschland (Nordkirche), hat für diese Thematik schon vor einigen Jahren eine Stelle geschaffen. Daraus ist das Netzwerk ›Kirche inklusiv‹ entstanden, das zum Ziel hat, bestehende Einzelinitiativen zur Inklusion in Kirche und Diakonie zu bündeln.

Zwei der drei Engel deuten mit ihrer Hand an: Mache dich auf! So machen auch wir uns auf, Barrieren zu überwinden und Teilhabe zu gestalten.

Petra Müller ist die Beauftragte für Seniorenarbeit der Nordkirche und seit zwölf Jahren Mitglied der Redaktion Praxis Gemeindepädagogik.

Inklusion und inklusive Bildung

Annebelle Pithan

Inklusion ist das bildungspolitische Thema der Stunde. Durch die Ratifizierung der UN-Konvention im März 2009 ist weltweit und auch in der deutschen Bildungs- und Schulpolitik eine Orientierung auf Bildungsgerechtigkeit und Überwindung von Benachteiligung etwa aufgrund von Behinderungen oder soziokulturellem Hintergrund gestärkt worden. Das Anliegen der seit mehr als drei Jahrzehnten aktiven Integrationsbewegung, gemeinsames Lernen für alle Kinder zu verwirklichen, wird aufgegriffen. Lösungswege werden gesucht und bereits beschritten.

In der Erziehungswissenschaft wird allgemein zwischen Separation (Sonderschulen), Kooperation (gemeinsame Projekte oder Gebäude) und Integration (gemeinsamer Unterricht von Kindern mit und ohne »Behinderungen«) unterschieden. Der Begriff Inklusion entstammt der englischen und US-amerikanischen Diskussion und kennzeichnet eine neue Phase mit dem Anliegen des gemeinsamen Lernens.

Die sogenannte Zwei-Gruppen-Theorie (Andreas Hinz), nach der eine Gruppe, etwa »Behinderte«, in die andere, etwa »Nichtbehinderte«, zu integrieren sei, soll ebenso überwunden werden wie das zielgleiche Lernen. Eine allgemeine Pädagogik ist das Ziel, in der die Unterschiedlichkeit der Kinder und Jugendlichen als Chance wahrgenommen wird.

Werte, darauf hat der Sozialphilosoph Hans Joas hingewiesen, werden gelernt, wenn sie im Alltag begegnen. Bildungspolitisch gewendet heißt das: Es gilt, die Aussonderungen im gegliederten Schulsystem zu beenden und gemeinsamen Unterricht für alle weiterzuentwickeln, unter Einbeziehung der Expertise und Erfahrung der Förderschulen.

Derzeit ist eine Aufbruchstimmung spürbar: Fachzeitschriften und politische Kongresse befassen sich mit Lernen an Differenz, Heterogenität und Bildung oder mit inklusiven Modellschulen. Schulpreise zeichnen inklusiv arbeitende Schulen aus, Netzwerke stärken eine pädagogische Neuorientierung. Wissenschaftliche Untersuchungen und Theorien zum zieldifferenten Lernen und zu Bildungsprozessen, die auf die Unterschiedlichkeit von Kindern und Jugendlichen bauen, werden rezipiert. Neue Studiengänge orientieren sich an ›Diversity-Studies‹ und ›Inclusive Learning‹. Wissenschafts theoretisch setzt sich neben ›Diversity‹ der Begriff ›Intersektionalität‹ inzwischen auch in Deutschland durch. Er bezeichnet den transdisziplinären Versuch, besonders Diskurse, die sich mit Differenzen sowie deren Ein- und Ausschlüssen befassen, aufeinander bezogen weiterzuentwickeln.

Auch die Kirchen greifen die Idee vom gemeinsamen Lernen aller Kinder und Jugendlichen wie das gemeinsame Leben aller Menschen als wichtiges Anliegen auf.

Im Herbst 2010 hat sich die EKD-Synode in einem Plädoyer für Bildungsgerechtigkeit namens »Niemand darf verloren gehen« deutlich für inklusive Bildung ausgesprochen: »Bildungsgerechtigkeit ist unvereinbar mit Ausgrenzung – deshalb fordern wir umfassende Neuansätze für eine inklusive Bildung von der Kindertageseinrichtung bis zur Schule für Kinder und Jugendliche mit besonderem Förderbedarf (…) Die Evangelische Kirche in Deutschland wird diese Reformen und Positionen unterstützen und will ihnen im öffentlichen Bildungswesen zum Durchbruch verhelfen. Sie wird ihre eigenen Bildungseinrichtungen und ihr eigenes Bildungshandeln kritisch überprüfen und entsprechend weiterentwickeln.«

In den nächsten Jahren kommt es darauf an, diese Vorgaben umzusetzen. Da-

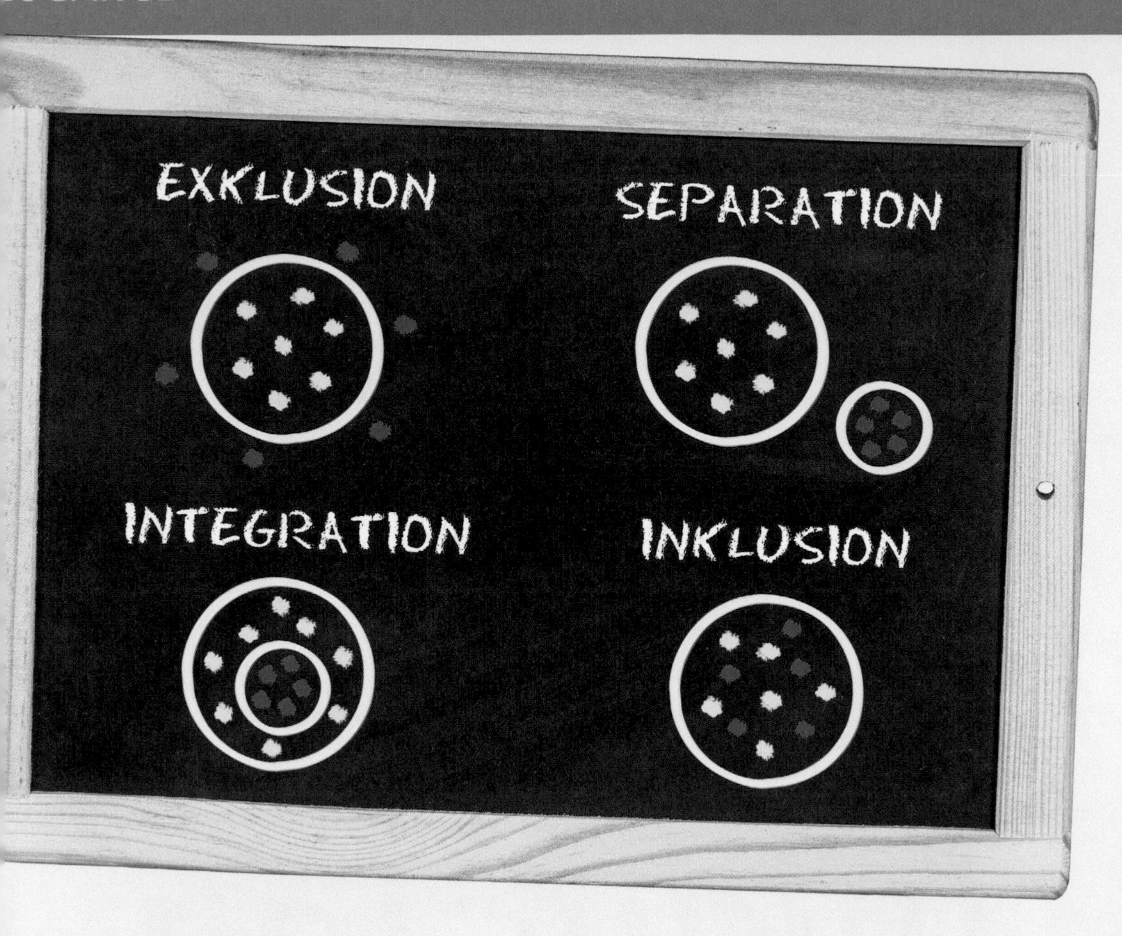

bei sind Umdenken und kreative Lösungen sowohl in organisatorischer als auch in theologischer wie pädagogischer Hinsicht gefragt.

Besonderer Handlungsbedarf ist für den Religionsunterricht gegeben. Wenn ein gemeinsamer Unterricht umgesetzt wird, muss sich auch der RU so verändern, dass er für alle Kinder offen ist. Die Orientierung an der Konfessionalität des RU ist auf diesem Hintergrund fragwürdig. Grenzen zwischen Religionen und Konfessionen treffen unvermittelt auf das gemeinsame Lernen.

Organisatorisch und fachdidaktisch ist der RU bisher noch zu wenig in der Lage, das Lernen in inklusiven Gruppen zu ermöglichen. Hier sind neue didaktische Konzeptionen und methodisch reflektierte Modelle zu entwickeln. Hilfreich kann eine Auseinandersetzung mit der konstruktivistischen Didaktik (Kersten Reich) sowie einer Religionspädagogik der Vielfalt sein. Auch können Ansätze der Kompetenzorientierung und der Elementarisierung berücksichtigt werden.

Allerdings bedarf es dazu einer Lehrerbildung, die den Umgang mit Pluralität in fachdidaktischer Hinsicht sowie im Blick auf den Habitus der Lehrkraft entwickelt. Ansonsten wird Inklusion lediglich als zusätzliche Anforderung erfahren. Dass inklusives Lernen auch Entlastungen bereithält, zeigen Modellschulen.

Handlungsbedarf ergibt sich für alle kirchlichen Bildungsfelder. So ist die Entwicklung inklusiver Bildungspraxis auch im Blick auf den Elementarbereich, die Konfirmandenarbeit oder die Gestaltung des Gemeindelebens wichtig. Neben organisatorischen Bedingungen sind auch theologische Traditionen kritisch zu prüfen, die von Exklusion her denken. Ulrich Bach hat in seiner »Theologie nach Hadamar« solche Ausschlussmechanismen in der Kirche untersucht.

Um religions- und gemeindepädagogische Modelle für inklusives Lernen zu entwickeln, sind interdisziplinäre und bereichsübergreifende Projekte und Arbeitsgruppen erforderlich. Mit Vielfalt und Differenz umgehen zu können ist eine Schlüsselqualifikation der Zukunft. Wenn die anspruchsvolle Aufgabe einer inklusiven Bildung gelingen und nicht zu einer vermeintlich kostensparenden Versorgung für Kinder mit Behinderungen führen soll, benötigt die Umsetzung finanzielle und personelle Förderung. Die Kirche hat hier die Chance, mitten in der Gesellschaft deutlich zu machen, dass alle Menschen zum Bilde Gottes geschaffen und Teil der Gemeinschaft sind. Der Einsatz für diese Bildung ist zukunftsfähig.

Nachdruck aus: Comenius-Institut: CI-Informationen 2011, 1, Mitteilungen aus dem Comenius-Institut, Münster, S. 1–2 (gekürzt); mit freundlicher Genehmigung des Comenius-Instituts, http://ci-muenster.de/pdfs/biblioinfothek/CI-Info-2011-1.pdf.

Links

Evangelische Bildungsverantwortung: Inklusion. Ein Lesebuch.
http://ci-muenster.de/themen/Inklusion/Evangelische_Bildungsverantwortung_Inklusion_2011.php

Zum Thema Inklusion auf der Website des Comenius-Instituts:
http://ci-muenster.de/themen/sonderpaedagogik.php
http://ci-muenster.de/themen/sonderpaedagogik/alpika-positionspapier.php

Forum für Heil- und Religionspädagogik
http://www.fhrp.de/
http://ci-muenster.de/themen/sonderpaedagogik/Forum_Sonderpaedagogik.php

Artikel Inklusion und Bildungsgerechtigkeit, in: CI-Informationen 2/2010
http://ci-muenster.de/pdfs/biblioinfothek/CI-Info-2010-2.pdf

Dr. Annebelle Pithan ist Wissenschaftliche Mitarbeiterin für Religionspädagogik am Comenius-Institut, Evangelische Arbeitsstätte für Erziehungswissenschaft e.V. in Münster.

Mit dem Index für Inklusion

gemeindepädagogische Entwicklungsprozesse anstoßen

Rainer Möller

Nach der Ratifizierung der UN-Behindertenrechtskonvention 2009 im deutschen Bundestag und Bundesrat ist Inklusion das beherrschende Thema der bildungspolitischen und erziehungswissenschaftlichen Diskussion in nahezu allen pädagogischen Handlungsfeldern. Neu ist, dass mit der UN-Konvention ein rechtlicher Referenzrahmen geschaffen wurde, der die Bundesländer verpflichtet, Schritte in Richtung auf inklusive Bildung und Erziehung nachweislich einzuleiten und umzusetzen.

Dieser Debatte um Inklusion kann und will sich auch die Kirche in ihren vielfältigen Handlungsfeldern nicht entziehen. Im Gegenteil: Viele Verantwortliche auf den unterschiedlichen kirchlichen Ebenen haben Inklusion geradezu als ureigenstes Thema der Kirche ausgemacht. Bei Inklusion geht es nicht nur um die bessere Wahrnehmung und soziale Integration von Menschen mit Behinderungen, sondern grundsätzlich um die Anerkennung und Wertschätzung von Vielfalt. Inklusion ist ein komplexes Thema, das Fragen nach Differenzen zwischen den Geschlechtern, soziokulturellen Milieus, Begabungen, Religionen, Lebensstilen und Weltdeutungen von Menschen umfasst. Insofern es um das Zusammenleben von Menschen in all ihrer Verschiedenheit geht, provoziert Inklusion gerade auch gemeindepädagogische Reflexion und Praxis.

Doch wie lassen sich in gemeindepädagogischen Kontexten Reflexions- und Veränderungsprozesse in Richtung auf gemeinsames Leben und Arbeiten unter Anerkennung der vielfältigen Verschiedenheiten von Menschen anstoßen? Als ein wirksames Instrument hat sich der »Index für Inklusion« erwiesen.

Was ist der Index für Inklusion?

Der Index für Inklusion wurde zwischen 1997 und 1999 unter der Leitung der britischen Pädagogen Tony Booth und Mel Ainscow von einer multiprofessionell zusammengesetzten Projektgruppe entwickelt, an unterschiedlichen Orten erprobt und schließlich allen Schulen in Großbritannien zur Verfügung gestellt. Die an der Martin-Luther-Universität Halle-Wittenberg lehrenden Integrationspädagogen Ines Boban und Andreas Hinz übersetzten 2003 die englischsprachige Version und adaptierten sie auf deutsche Verhältnisse. Seitdem arbeiten Schulen überall in Deutschland mit dem Index für Inklusion.

Der Index versteht sich als ein *Instrument der Schulentwicklung*; d. h.: Mit seiner Hilfe sollen Veränderungsprozesse von Schulen systematisch und organisiert gesteuert werden, wobei die Leitideen dieses Entwicklungsprozesses sind:

- Anerkennung und Wertschätzung von Vielfalt
- Ermöglichung der Teilhabe aller an Schule Beteiligten am gemeinsamen Lernen und Leben
- Überwindung von Hindernissen und Barrieren für Lernen und Partizipation
- Überwindung von Ausgrenzungsmechanismen und offenen oder latenten Diskriminierungspraktiken

Nach der »Philosophie« des Index kann der Schulentwicklungsprozess von verschiedenen Standorten und Ausgangspunkten aus gestartet und gestaltet werden. Der Index für Inklusion ist insofern kein »Pflichtprogramm«, das überall in der gleichen Weise abgearbeitet werden soll, sondern vielmehr ein flexibles Instrument, das auf die konkrete Situation der jeweiligen Schule abgestimmt wird. Er gibt Anregungen für einen kritischen Blick auf die eigene Schulwirklichkeit und für Diskussionen um die weitere Entwicklung der Schule. Dabei versteht er in normativer Perspektive Inklusion als Leitidee, die gewissermaßen als »Nordstern«, als gesellschaftliche Vision, über dem Prozess der Schulentwicklung strahlt, aber letztlich nie vollständig abgebildet werden kann. Es geht vielmehr darum, in kleinen, überschaubaren und realistischen Schritten Schule in Richtung auf Inklusion weiterzuentwickeln. Der *Prozess* ist entscheidend: Er muss, wenn er glaubwürdig sein soll, selbst »inklusiv«, d. h. wertschätzend, partizipativ und demokratisch gestaltet werden. Zwischenergebnisse des Prozesses und vereinbarte Veränderungen im Schulalltag müssen immer wieder unter der Leitidee der Inklusion kritisch analysiert und evaluiert werden.

Der Index für Inklusion geht weit über das Anliegen der Integration von Schülern mit Behinderungen hinaus. Mit seiner Hilfe sollen vielmehr grundsätzlich *Barrieren* identifiziert werden, die Menschen am gemeinsamen Lernen und der vollständigen Teilhabe am schulischen Leben hindern. Diese Barrieren können verortet werden in den schulischen *Strukturen*, den *Interaktionen* der an Schule Beteiligten sowie in deren *Einstellungen* und *Werthaltungen*. Auf allen Ebenen will der Index den Blick schärfen für diskriminierende und exkludierende Kulturen und Praktiken in schulischen Kontexten. Neben Tendenzen, Menschen mit körperlichen oder geistigen Beeinträchtigungen zu separieren, wird im Index besonders auf Ausschließungsdynamiken hingewiesen, die mit der ethnischen Zugehörigkeit, dem Geschlecht, der sexuellen Orientierung oder der sozioökonomischen Situation zusammenhängen. Im Unterschied zu anderen Instrumenten der Schulentwicklung misst der Index für Inklusion Schulqualität also nicht an den Schulleistungen der Schüler, sondern daran, ob in den Schulen die Barrieren und Hindernisse für gemeinsames Lernen und vollständige Teilhabe aller einer kritischen Überprüfung unterzogen bzw. überwunden werden.

Was beinhaltet der Index für Inklusion?

Das Grundgerüst des Index für Inklusion besteht aus drei Dimensionen. Die Basis bildet die Verständigung über die leitenden Werte. Im Index wird dies bezeichnet als *Inklusive Kulturen schaffen*, was wiederum differenziert wird in die beiden Bereiche »Gemeinschaft bilden« und »Inklusive Werte verankern«. Bei diesen Formulierungen ist die Einsicht leitend, dass Werte nicht nur proklamiert werden dürfen, sondern im Prozess gelebt werden müssen.

Die darauf aufbauende Dimension wird überschrieben mit *Inklusive Strukturen etablieren*. Dabei geht es darum, dass die vereinbarten Werte sich auch in den Strukturen einer Schule widerspiegeln müssen, wenn sie nachhaltig wirksam sein sollen. Auch diese Dimension wird in zwei Aspekte gegliedert: es ist eine »Schule für alle« zu entwickeln, in der alle Beteiligten größtmögliche Partizipationschancen haben, und es ist strukturell abzusichern, dass jede und jeder in seiner Individualität und Verschiedenheit gefördert wird (»Unterstützung für Vielfalt organisieren«).

In der dritten Dimension geht es schließlich um das »Kerngeschäft« von Schule. Unter *Inklusive Praktiken entwickeln* sollen entsprechende Lern- und Lehrarrangements etabliert und curriculare Standards erarbeitet werden, die die inklusiven Werte abbilden. Dazu sollen die notwendigen Ressourcen mobilisiert werden. →

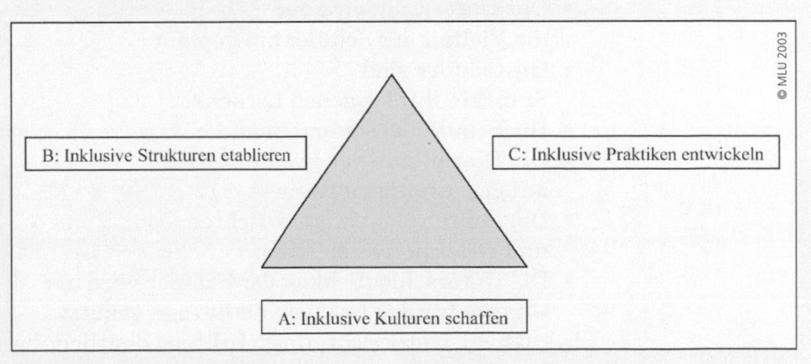

Abb.: Die drei Dimensionen des Index

In einem nächsten Schritt werden für die drei Dimensionen »Indikatoren« bereitgestellt, die konkret beschreiben, wohin sich eine inklusive Schule entwickeln sollte, und an denen man gleichzeitig ablesen kann, ob und wie weit sich eine Schule auf dem Weg zu einer inklusiven Schule befindet.

So werden zur Dimension »Inklusive Kulturen schaffen« u. a. folgende Indikatoren genannt:

- Jede(r) fühlt sich willkommen.
- Die Schüler helfen einander.
- Die Mitarbeiter arbeiten zusammen.
- Alle Schüler werden in gleicher Weise wertgeschätzt.
- Die Mitarbeiter versuchen, Hindernisse für das Lernen und die Teilhabe in allen Bereichen der Schule zu beseitigen.
- Die Schule bemüht sich, alle Formen von Diskriminierung auf ein Minimum zu reduzieren.

An diesen Indikatoren wird ein für den Index für Inklusion charakteristischer Perspektivenwechsel ablesbar: Lernschwierigkeiten und schulische Probleme werden nicht als individuelle Merkmale eines einzelnen Schülers betrachtet, sondern als soziales und strukturelles Phänomen, für das sich die ganze Schule als System verantwortlich sieht. Mit der Verankerung der inklusiven Werte in einem *Schulleitbild* soll diese Verantwortlichkeit des schulischen Gesamtsystems zum Ausdruck kommen.

Die Dimension »Inklusive Strukturen etablieren« wird u. a. mit folgenden Indikatoren umschrieben:

- Die Schule nimmt alle Schüler ihrer Umgebung auf.
- Die Schule macht ihre Gebäude für alle Menschen barrierefrei zugänglich.
- »Sonderpädagogische« Strukturen werden inklusiv strukturiert.
- Mobbing und Gewalt werden abgebaut.

Hier wird deutlich, dass eine inklusive Schule eine »Schule für alle« ist, und dies gilt sowohl im Blick auf die architektonische Gestaltung der Schule wie auf die organisatorische Einbindung sonderpädagogischer Fördermaßnahmen in ›inclusive settings‹ und die institutionelle Absicherung eines gemeinsamen Lernens und Lebens in Respekt voreinander, gegenseitiger Wertschätzung und Verantwortlichkeit.

In der Dimension »Inklusive Praktiken entwickeln« heißen die Indikatoren u. a.:

- Der Unterricht wird auf die Vielfalt der Schüler hin geplant.
- Die Schüler sind Subjekte ihres eigenen Lernens.
- Die Schüler lernen miteinander.
- Die Disziplin in der Klasse beruht auf gegenseitigem Respekt.
- Die Lehrer planen, unterrichten und reflektieren im Team.
- Die Unterschiedlichkeit der Schüler wird als Chance für das Lehren und Lernen genutzt.

Inklusiver Unterricht, das wird hier deutlich, beruht auf zwei Säulen: einmal der *Individualisierung des Lernens*, wozu auch individuelle, entwicklungsbezogene Formen der Leistungsbeurteilung gehören, und zum anderen dem *kooperativen Lernen*, das in gemeinsamen Lernsituationen inszeniert wird. Wichtig ist zudem, dass die Heterogenität der Schüler nicht als Problem, sondern als Ressource für das Lehren und Lernen betrachtet wird.

In einem dritten Schritt werden, bezogen auf die Indikatoren, Fragen formuliert, anhand derer die eigene Situation analysiert und reflektiert werden soll. Diese Fragen sind sehr konkret und geben Anregungen für den Diskurs aller Beteiligten in der Schule. Sie bilden keine »Checkliste«, die man abarbeitet und abhakt, sondern sie wollen Dialoge auf der Basis der inklusiven Leitidee eröffnen. Im Diskurs über diese Fragen wird Inklusion schon praktiziert, insofern sich im Gespräch aller Beteiligten ein inklusionsgerechtes, auf Wertschätzung basierendes, selbstreflexives und sprachsensibles Kommunikationsverhalten herausbildet.

Wie kann man mit dem Index für Inklusion arbeiten?

Auf der Basis des schulischen Index für Inklusion wurden in den letzten Jahren weitere Indizes für andere Institutionen entwickelt. So liegt ein Index für Kindertagesstätten, ein Index für kommunale Einrichtungen sowie seit Kurzem auch ein Index für Kirchengemeinden vor. Alle Indizes beruhen auf der hier am Beispiel des schulischen Index dargestellten inklusiven Leitidee. Kernelement aller Indizes ist ein auf die jeweiligen Institutionen bezogener umfangreicher Fragenkatalog, dessen diskursive Bearbeitung die inklusive Organisationsentwicklung voranbringen soll. An diesen Fragen können sich auch gemeindepädagogische Praxisreflexion und inklusive Entwicklungsarbeit orientieren. Dabei muss man sich nicht eng an die vorliegenden Fragen halten; die Fragenkataloge eröffnen vielmehr die Möglichkeit, eigene Fragen, die sich auf das spezifische gemeindepädagogische Handlungsfeld beziehen, zu entdecken und auf der Grundlage der inklusiven Leitidee zu diskutieren.

Die Fragenkataloge in den neuen Indizes haben sich weiterentwickelt. Die Sprache ist griffiger geworden, die Anforderungen einer »leichten« Sprache wurden mehr beachtet und vor allem werden die Fragen in den kommunalen und kirchengemeindlichen Indizes nicht mehr durchnummeriert, was den Eindruck einer Hierarchisierung der Fragen erwecken konnte. Schon grafisch werden die Fragen nebeneinander gestellt, so dass deutlich wird: Man kann überall beginnen, je nach Situation und Kontexten vor Ort, und man darf die Fragen auf die jeweiligen Anliegen hin erweitern und modifizieren.

Hier soll exemplarisch der Fragenkatalog der Orientierungshilfe »Inklusion und kirchliche Praxis« vorgestellt werden. Dieser Katalog gliedert sich in 21 Themen, zu denen jeweils zehn Fragen formuliert werden. Die Themen orientieren sich nicht an

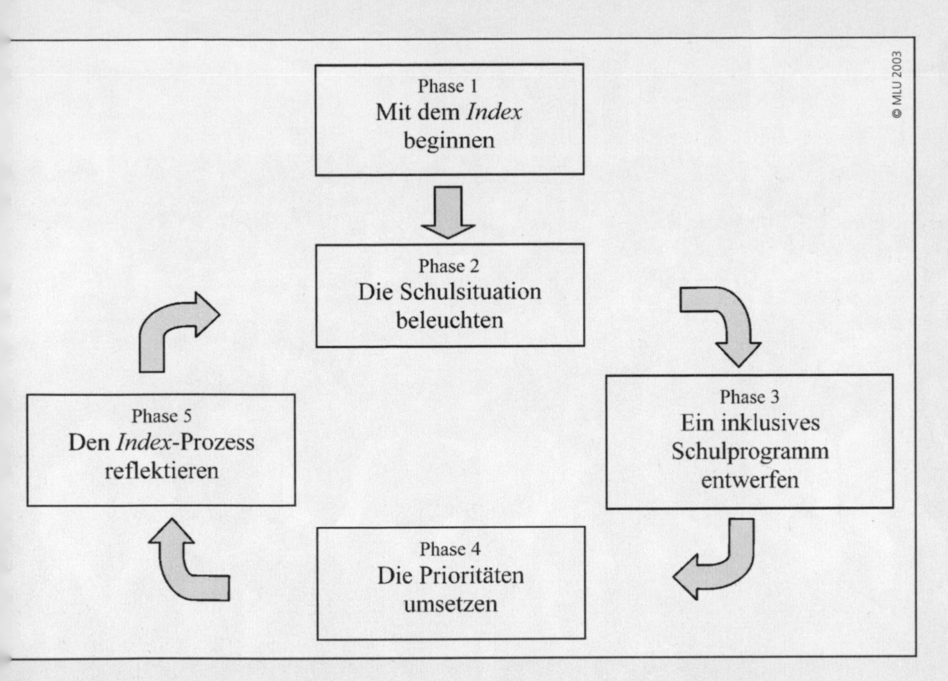

Abb.: Der Index-Prozess und der Planungskreislauf der Schulentwicklung

den gemeindlichen Handlungsfeldern, sondern stellen Querschnittsaufgaben dar. Der Fragenkatalog beginnt mit der persönliche Ebene. Unter dem Titel »von sich selbst ausgehen« wird u. a. gefragt:

- Wann haben Sie sich einmal ausgeschlossen gefühlt?
- Wo haben Sie erlebt, anerkannt und wertgeschätzt zu werden?
- Was trägt dazu bei, dass Sie sich in Ihrer Kirchengemeinde wohlfühlen?

Weitere Fragenkomplexe beschäftigen sich mit personalen und materialen Ressourcen, mit Kommunikation, Umgang mit Vorurteilen, Ausgrenzung und Beleidigung, mit respektvollem Umgang miteinander, mit Kooperation, Vernetzung und Planungsmechanismen. Interessant sind die Fragen im Zusammenhang von gemeindlichen Planungsvorhaben. Sie lauten z. B.:

- Finden Menschen aller Altersgruppen, Frauen und Männer, Angebote in der Gemeinde, die für sie interessant sind und sie unterstützen?
- Werden Menschen unterschiedlicher kultureller Hintergründe und persönlicher Begabungen in die Planung des Programms einbezogen?
- Haben die Aktivitäten unterschiedliche Lebensphasen, Beziehungssituationen, sexuelle Orientierungen und familiäre Situationen der Menschen im Blick?
- Werden Menschen mit anderer Muttersprache in die Aktivitäten der Gemeinde einbezogen?
- Wird bei den Angeboten ebenso viel Aufmerksamkeit darauf verwendet, die Gefühle anzusprechen wie den Verstand?
- Wird eine Vielzahl von unterschiedlichen Beteiligungsmöglichkeiten in den Veranstaltungen angeboten?

Mithilfe dieser Fragen kommen Menschen in der Gemeinde, Haupt- und Ehrenamtliche miteinander auf Augenhöhe ins Gespräch, werden »inklusive Erzählräume« in der Gemeinde eröffnet. Immer sind es die Beteiligten selbst, die entscheiden, was und wie es im Diskurs angegangen werden soll. »Die Fragen können dabei helfen, Ideen und Veränderungsschritte zu finden, die zu den Menschen, den Problemen, den Interessen und Ressourcen vor Ort passen. Und wie groß die Schritte sind, die man sich jeweils vornimmt, das muss an jedem Ort selbst entschieden werden. Manchmal sind es Haltungen oder Beziehungen, die verändert werden, manchmal müssen sich Strukturen ändern.« (S. 17)

Wie man diesen Prozess methodisch strukturieren kann, dafür liefert die Orientierungshilfe sehr anregende und vielfältige Vorschläge.

Dr. Rainer Möller ist Wissenschaftlicher Mitarbeiter am Comenius-Institut, Evangelische Arbeitsstätte für Erziehungswissenschaft e.V. in Münster.

Literatur:

Index für Inklusion. Lernen und Teilhabe in der Schule der Vielfalt entwickeln. Entwickelt von Tony Booth und Mel Ainscow, übersetzt, für deutschsprachige Verhältnisse bearbeitet und herausgegeben von Ines Boban und Andreas Hinz, Martin-Luther-Universität Halle-Wittenberg 2003.

T. Booth, M. Ainscow und D. Kingston, Index für Inklusion (Tageseinrichtungen für Kinder). Lernen, Partizipation und Spiel in der inklusiven Kindertageseinrichtung entwickeln. Deutschsprachige Ausgabe, hrsg. von der Gewerkschaft Erziehung und Wissenschaft (GEW), Frankfurt 2006.

Inklusion vor Ort. Der kommunale Index für Inklusion – ein Praxishandbuch. Herausgegeben von der Montag Stiftung Jugend und Gesellschaft, veröffentlicht im Eigenverlag des Deutschen Vereins für öffentliche und private Fürsorge e.V., Berlin 2011.

Da kann ja jede(r) kommen – Inklusion und kirchliche Praxis. Eine Orientierungshilfe der Evangelischen Kirche im Rheinland. Hrsg. von der Abteilung Bildung im Landeskirchenamt und dem Pädagogisch-Theologischen Institut der EKiR, Düsseldorf 2013.

Kersten Reich (Hrsg.), Inklusion und Bildungsgerechtigkeit. Standards und Regeln zur Umsetzung einer inklusiven Schule, Weinheim und Basel 2012.

Foto: Kirchentag/Schulze

Leichte Sprache als Herausforderung für die gemeindepädagogische Praxis

Matthias Röhm

Und auch Wunder machen satt. Immer wieder werden diese Worte während der Bibelarbeit auf dem Kirchentag in Hamburg wiederholt. Sie sind die Botschaft, das Kernthema an diesem Morgen. Samstagmorgen im Kongresszentrum in Hamburg, Bibelarbeit in Leichter Sprache zu der Speisung der 5000 im Johannesevangelium.

Der Saal C ist gut gefüllt, nur wenige Plätze sind frei. Am Tag zuvor wurde ich abgewiesen. Die Bibelarbeit in Leichter Sprache war überfüllt, vor der Tür hofften noch viele auf Einlass. Leider vergebens. Deswegen bin ich heute früher gekommen. Viele verschiedene Menschen sind mit mir dabei. Alte und Junge, Männer und Frauen, Menschen mit und ohne erkennbare Einschränkungen. Alle eint, dass wir heute gemeinsam der Bibelarbeit lauschen, gemeinsam singen und gemeinsam etwas gestalten. Die Bibelstelle wird in drei Abschnitten vorgelesen. Sie wurde von einigen Männern und Frauen in Leichte Sprache umgeschrieben. Danach legt Michael Hoffmann die Worte für uns aus. Er spricht ruhig, in einfachen, kurzen Sätzen. Er betont die wichtigen Worte, baut mit seinen Worten eine Brücke zwischen dem Text und uns. Er hat ein Bild mitgebracht, das alle als eine Postkarte bekommen. Das Bild heißt »Brotvermehrung«. Jan Swart van Groningen hat es um 1540 gemalt. In der Mitte steht wieder die Botschaft der Bibelarbeit: Und auch Wunder machen satt. Und am Rand sind drei kleine Löcher. Sie sind für die farbigen Bänder, die es zu jedem Bibelabschnitt gibt: grün, rot und blau.

Zwischen den einzelnen Teilen spielt eine Band Musik und alle singen. Manche singen mit ihrem Körper.

Die Bibelarbeit in Leichter Sprache hat mich beeindruckt. Sie war klar strukturiert, verständlich und einladend für alle Anwesenden, die Kernaussagen der Bibelstelle wurden benannt. Niemand wurde durch die Sprache ausgeschlossen, aber auch niemand unterfordert. Das ist häufig ein Vorurteil gegenüber der Leichten Sprache. Das sprachliche Niveau werde herabgesenkt. Und in 50 Jahren könne niemand mehr richtig sprechen. Die Sprachwelt Luthers und Goethes wird für immer verloren gehen. Deutlich werden bei diesen Worten das Verständnis der eigenen Aufgabe und die Zielgruppe, die erreicht werden soll. Kirchliche Praxis richtet sich oft an eine eingeengte Personengruppe von gut gebildeten Menschen. Auf sie sind die meisten Angebote der Kirchen jenseits des diakonischen Auftrags ausgerichtet. So werden z. B. in der Konfirmandenarbeit in vielen Gegenden Deutschlands vor allem Gymnasiasten erreicht, deren Eltern selbst als bildungsnah bezeichnet werden können. Und entsprechend sind die Inhalte, die Methoden und die Sprache an dieser Zielgruppe ausgerichtet. Ein Kreislauf, der von »Außenstehenden« nur schwer zu durchbrechen ist.

Leichte Sprache, so die Kritiker weiter, ist vor allem für Menschen mit eingeschränkten geistigen Fähigkeiten gedacht. Der richtige Ort seien spezielle Zielgruppenveranstaltungen und Anstaltsgemeinden. Das stimmt sogar zum Teil. Das sind die richtigen Orte – aber nicht nur dort.

Das größte Missverständnis liegt in der Gleichsetzung von Leichter Sprache mit einfacher, an Niveau armer Sprache. Es ist im Gegenteil sehr schwer, Dinge in Leichter Sprache auszudrücken. Das erfordert in einem hohen Maße eine Konzentration auf die wesentlichen Elemente, die in wenigen und deutlichen Worten gesagt oder geschrieben werden müssen. Ein Blick in viele Materialien, die wir in unserer Praxis einsetzen, oder auf die Predigten, die wir hören, zeigt, dass zu oft in (zu) vielen und komplizierten Begriffen die Kernaussagen eher vernebelt werden, als sie deutlich zum Ausdruck zu bringen. Komplizierte Sprache wird oft mit intellektueller Sprache gleichgesetzt, die Fülle an Fachbegriffen und Fremdwörten soll von Gelehrtheit zeugen. Ich wage zu behaupten, dass die wahre intellektuelle Leistung darin liegt, Dinge so zu sagen, dass alle Menschen sie verstehen können. Ein Beispiel aus einer Konfirmandengruppe: Die Aufgabe an die Konfirmandinnen und Konfirmanden bestand darin, den Begriff Freiheit so zu erklären, dass es ein Kleinkind im Alter von etwa drei Jahren verstehen kann. Aus einer Gruppe kam folgende Definition: Freiheit heißt: Du darfst alles tun, was du willst, und Mutti muss nicht weinen. In wenigen und einfachen Worten wird ein komplizierter Sachverhalt deutlich dargestellt. Was wir wohl in so manchen Wörterbüchern dazu lesen?

Leichte Sprache ist nicht einfach. Darum haben sich mehrere Organisationen zu einem Netzwerk Leichte Sprache zusammengeschlossen, das über Leichte Sprache informiert und Schulungen durchführt sowie Regeln und Tipps zur Leichten Sprache entwickelt (www.leichtesprache.org), die helfen, die eigene Sprache zu reflektieren und Neues zu probieren.

Das Thema Leichte Sprache besitzt auch eine hohe Relevanz für unsere eigene gemeindepädagogische Praxis, inwieweit wir verschiedene Menschen mit unseren Angeboten erreichen, ohne durch die Sprache auszugrenzen. Das Beispiel Konfirmandenarbeit wurde bereits benannt, es umfasst aber alle Bereiche gemeindepädagogischen Handelns, auch den Gottesdienst. Hier stellt sich z. B. die Frage, inwieweit hier Leichte Sprache einen Ort finden kann. In allen Elementen des Gottesdienstes, oder nur in ausgewählten, wie Gebeten und der Predigt? Und dann immer, oder an ausgewählten Sonntagen? Wie sieht es mit der eigenen Predigt aus? Wie mit den Andachten, wenn ich die Regeln für Leichte Sprache anlege? Ein spannendes Feld, das zum Probieren einlädt. Es gibt auch bereits ausgewählte Bibelstellen in Leichter Sprache (http://www.offene-bibel.de/wiki/index.php5?title=Fassung_in_Leichter_Sprache).

Das größte Missverständnis liegt in der Gleichsetzung von Leichter Sprache mit einfacher, an Niveau armer Sprache.

Ebenso lassen sich Linien in viele andere Bereiche des Gemeindelebens ziehen, von Gemeindefesten über die Internetseite der Gemeinde hin zur Gestaltung des Schaukastens. Eigentlich an allen Orten und Gelegenheiten, wo wir es mit Menschen zu tun haben.

Eines ist mir auf dem Kirchentag in Hamburg dann noch bewusst geworden. Bei der Bibelarbeit ging es nicht nur um Worte, wie sie gewählt und zusammengestellt wurden, sondern auch um eine einladende Haltung. Um die Art und Weise, wie die Worte gesprochen wurden und eine Brücke bauten zwischen all den Menschen, um die Handlungen, die die Worte untermalten und verdeutlichten, um die Wertschätzung, die allen entgegengebracht wurde. Akteuren auf der Bühne und auch den Teilnehmenden. Leichte Sprache allein ist es nicht, worauf es ankommt. Das Gesamtpaket muss stimmig sein. Eine Herausforderung, die sich lohnt.

Matthias Röhm ist Studienleiter für Religionspädagogik im Jugendalter im Amt für kirchliche Dienste der Evangelischen Kirche Berlin-Brandenburg-schlesische Oberlausitz.

Muslimische Erzieherin in der evangelischen KiTa?

Inklusive Pädagogik in der religiösen Pluralität

Rolf Sänger-Diestelmeier

Nach dem ›PISA-Schock‹ im Jahr 2000 hat das Thema Qualitätsentwicklung in Kindertageseinrichtungen einen erheblichen Schub bekommen. Unter anderem sind in allen Bundesländern Rahmenpläne für frühkindliche Bildung eingeführt worden. In den meisten hat religiöse Bildung einen eigenen Schwerpunkt. Bei vielen konfessionellen Einrichtungen traf das auf ein hohes Interesse. Personal wurde religionspädagogisch qualifiziert und die Entwicklung von Konzeptionen pädagogischer Arbeit wurde vorangetrieben, in denen die Religionspädagogik den Rang einer Querschnittsdimension hat. Das fällt zusammen mit der Erkenntnis, dass besonders in Einrichtungen konfessioneller Trägerschaft der Anteil von Kindern mit unterschiedlicher ethnischer, kultureller und religiöser Herkunft (Kinder mit Migrationshintergrund), besonders auch muslimischer Kinder, deutschlandweit im Durchschnitt bei ca. 25% liegt. Es stellt sich allein auf diesem Hintergrund die Frage, wie die Einrichtungen dem Auftrag gerecht werden, jedes Kind gemäß seinem spezifischen Hintergrund individuell zu fördern.

Dazu gehört unter anderem die Umsetzung der UN-Kinderrechtskonvention, die in Art. 14 auch das Recht des Kindes auf Religion, und zwar auf seine *eigene* Religion schützt. Konkret bedeutet dies, dass es keine Benachteiligung von Kindern anderer Religion geben darf, auch nicht im Hinblick auf ihr Recht auf religiöse Bildung. Wenn angesichts der Einzigartigkeit jedes Menschen als Geschöpf Gottes der Umgang mit Vielfalt, die gleichberechtigte Partizipation aller, das Diskriminierungsverbot und der Ansatz einer vorurteilsbewussten Erziehung und Bildung zum evangelischen Auftrag gehören, dann muss sich dies auch auf die religiöse Bildung beziehen.

Alle Rede von *Akzeptanz* des Anderen bleibt jedoch fragwürdig, wenn es in der Wirklichkeit des Kindergartens keine *Repräsentanz* des Anderen gibt. Inklusive Pädagogik meint Sensibilität für Menschen jedweder Begabungen und Begrenzungen. Dies bezieht sich selbstverständlich auf den Bereich von Behinderung, aber eben auch auf andere soziale Unterschiede wie sozioökonomische Herkunft, Geschlecht oder Hautfarbe. Und eben auch auf Religion.

Die Frage, die sich daraus ergibt, lautet: Inwiefern ist die Anstellung etwa von muslimischen pädagogischen Fachkräften in evangelischen Einrichtungen sinnvoll, notwendig und realisierbar?

Auf der fachlichen Ebene sind dafür viele gute und differenzierte theologische und pädagogische Argumente ins Feld geführt worden, die zu referieren hier nicht der Raum ist. Jedoch ist aus institutionellen Gründen des kirchlichen Anstellungsrechtes (ACK-Klausel) eine Anstellung von nichtchristlichen Fachkräften einstweilen ausgeschlossen. Bisher hat unter allen Gliedkirchen der EKD allein die Evangelische Kirche von Hessen und Nassau durch einen Synodenbeschluss von 1995 diese Möglichkeit eröffnet. In anderen Landeskirchen ist das offiziell nach kirchlichem Dienstrecht nicht möglich.

Dabei wäre eine solche Öffnung des kirchlichen Personalrechtes dringend geboten. Am Beispiel der Situation in Bremer Kindertageseinrichtungen lassen sich die Gründe dafür gut zeigen: Bremen ist multikulturell. Das zeigt sich (auch) in den (evangelischen) Kindertageseinrichtungen und gilt besonders für Einrichtungen, die in Stadtteilen mit kulturell und religiös stark gemischter Bevölkerung liegen. In manchen evangelischen Einrichtungen sind fast 50 % muslimische Kinder, lediglich 30 %, in manchen sogar unter 10 % der Kinder gelten als evangelisch.

Religiöse Vielfalt ist eine Gegebenheit. Für die evangelischen Kindertageseirichtungen hat das aber weitreichende Konsequenzen: *Indem Erzieherinnen die verschiedenen religiösen und konfessionellen Prägungen und Erfahrungen der Kinder durch ihre Familien wahrnehmen und thematisieren, eröffnen sie den Kindern interreligiöse Bildungs- und Lernchancen. Dazu gehört es, die jeweilige religiöse Identität zu wahren und gleichzeitig Kinder zu einer neugierigen und offenen Haltung gegenüber anderen Religionen zu ermutigen.* (Gesicht zeigen mit evangelischem Profil, hrsg. Bremische Ev. Kirche, Landesverband Ev. Tageseinrichtungen für Kinder, Bremen 2007).

Zum Selbstverständnis evangelischer Einrichtungen gehört es, zum gelingenden Zusammenleben von Kulturen und Religionen beitragen zu wollen, indem sie *Beheimatung in der eigenen Glaubenstradition* bieten und so *einen angemessenen Umgang mit dem ›Anderen‹ in seinem Anderssein* eröffnen (vgl. Kirchenamt der EKD 2004).

Dabei müssen unterschiedliche religiöse und weltanschauliche Perspektiven zur Geltung kommen … Die Werteerziehung auch im Elementarbereich (speist) sich nicht allein aus christlichen Quellen und Überzeugungen. So Wolfgang Huber als Vorsitzender des Rats der EKD im Vorwort von »Religion, Werte und religiöse Bildung im Elementarbereich. 10 Thesen des Rates der EKD, Mai 2007«. Klärung religiöser Identität und Dialogkultur seien in gleicher Weise wichtig.

Religion vermittelt sich nicht nur über religionspädagogische Angebote und Inhalte, sondern über die Person und Haltung von Erzieherinnen, die sprachfähig und erkennbar in ihrem Glauben und zugleich sachkundig, reflektiert und respektvoll gegenüber anderen Glaubensrichtungen sind.

Das heißt für die Arbeit in Tageseinrichtungen für Kinder, dass sich

1. jedes Kind in der Einrichtung wiederfinden und wiedererkennen muss und die Erfahrung machen kann, dass seine primäre Bezugsgruppe, seine Familie, willkommen ist und geschätzt wird. Auf dieser Grundlage können sich Kinder
2. mit Vielfalt beschäftigen gemäß dem Motto ›Es ist normal, verschieden zu sein‹. Dafür brauchen sie vielfältige und anregende Möglichkeiten, mit Menschen Erfahrungen zu machen, die anders aussehen, sich anders verhalten, anders sprechen, andere kulturelle Hintergründe haben als sie selbst. Auf dieser Grundlage kann dann
3. thematisiert werden, was an Vorurteilen und Diskriminierung ›unfair‹ und was an Stereotypen unkorrekt ist. Daraus erwachsen dann
4. Aktivitäten, was man dagegen tun kann. (Die 4 Ziele des Anti-Bias-Approach)

Zur Aufgabe einer evangelischen Kindertageseinrichtung gehört also, *Kinder bei der Wahrnehmung von Religion, bei der Auseinandersetzung mit Religion und bei der Aneignung von Religion zu begleiten und zu unterstützen* (10 Thesen des Rats der EKD 2007). Das →

Recht des Kindes auf Religion und religiöse Bildung *begründet die Notwendigkeit eines religionspädagogischen Angebots, das allen Kindern offen steht – ohne Zwang für die Kinder und deren Eltern.* (ebd.)

Religion wird sich letztlich nicht religionskundlich, sondern immer auch aus einer inneren Beteiligungsbeziehung als eigenständiger Konstruktionsprozess erschließen. Religion vermittelt sich nicht nur über religionspädagogische Angebote und Inhalte, sondern über die Person und Haltung von Erzieherinnen, die sprachfähig und erkennbar in *ihrem* Glauben und zugleich sachkundig, reflektiert und respektvoll gegenüber *anderen* Glaubensrichtungen sind. Dabei ist das ›Überwältigungsverbot‹ unbedingt zu achten.

Trotz der bzw. gerade wegen der rechtlichen Hindernisse und inhaltlicher Bedenken kirchlicherseits hinsichtlich einer Öffnung des kirchlichen Anstellungsrechtes für nichtevangelische, insbesondere muslimische Erzieherinnen wären mindestens Modellversuche dringend erforderlich, möglichst gekoppelt mit einer wissenschaftlichen Begleitung. Bei einem solchen Modellversuch könnte es darum gehen, die seit vielen Jahren von der Praxis vor allem in sozialen Brennpunkten vertretene *These zu überprüfen, ob und inwiefern eine muslimische pädagogische Fachkraft im Sinne einer kommunikativen Brücke zwischen evangelischen Erzieherinnen und Kindern und Eltern muslimischen Glaubens zur Transparenz der Arbeit in der Tageseinrichtung für Kinder beitragen kann und die Verständigung über religiöse, sprachliche und kulturelle Unterschiede und Gemeinsamkeiten unterstützt.* Im Einzelnen ginge es dabei um folgende Fragen:

- Welche Bedeutung hat die Anstellung einer muslimischen Fachkraft für Kinder muslimischer, christlicher und andersreligiöser bzw. nichtreligiöser Herkunft insbesondere im Hinblick auf ihre religiöse Identitätsbildung?
- Welche Auswirkungen ergeben sich für die Zusammenarbeit im Team der Einrichtung und für die Klärung eigener religiöser Haltung und religiöser Vergewisserung bei den Erzieherinnen?
- Welche Erkenntnisse ergeben sich in Bezug auf das interreligiöse Lernen, den Dialog und die Einübung eines toleranten Umgangs miteinander? Welche Wirkungen zeigen sich im Alltag der Einrichtung als Übungsfeld gesellschaftlicher Integration, die das Thema Religion ausdrücklich einschließt?
- Wie erleben es die Eltern? Was bedeutet es für die Zusammenarbeit besonders mit muslimischen Eltern, dass sie in der Einrichtung einer Person begegnen, die in gleicher oder ähnlicher religiöser Praxis steht wie sie und ihre Familien? Was bedeutet es für christliche Eltern, einer pädagogischen Fachkraft zu begegnen, die in einer anderen religiösen Praxis steht, als sie selbst. Eine Situation übrigens, die ja im Augenblick der Normalfall für alle nichtchristlichen Kinder und Eltern in unseren Einrichtungen ist.

Bisherige Initiativen in Württemberg und Bremen zu einem wissenschaftlich begleiteten Modellversuch sind bisher bereits im Vorfeld am Widerstand der jeweiligen Kirchenverwaltungen gescheitert. Die evangelische Kirche bleibt so hinter ihren eigenen Bekundungen (siehe oben) zurück und entleert sie selber zu bloßen Sonntagsreden. Dies kann auf die Dauer nicht zufrieden stellen. Es bleibt die Hoffnung auf wachsenden Druck aus der Praxis, damit hier nicht Chancen verpasst werden.

Literatur, Links:

Ökumenische Rat der Kirchen/Päpstlicher Rat für den Interreligiösen Dialog/ Weltweite Evangelischen Allianz (Hrsg.): Das christliche Zeugnis in einer multireligiösen Welt. Empfehlungen für einen Verhaltenskodex, Januar 2011, http://www.oikoumene.org/de.

Diakonisches Werk der Evangelischen Landeskirche Baden/Evangelischer Landesverband – Tageseinrichtungen für Kinder in Württemberg/Fachbereich Kindertagesstätten im Zentrum Bildung der Evangelischen Kirche in Hessen und Nassau/Pädagogisch-Theologischen Zentrum der Evangelischen Landeskirche in Württemberg/Religionspädagogisches Institut der Evangelischen Landeskirche in Baden (Hrsg.) (2012): Religionen in der Kita. Impulse zum Zusammenleben in religiöser Vielfalt, http://kita.zentrumbildung-ekhn.de/fileadmin/kita/Religion/Arbeitshilfe_Religionen_in_der_Kita_2012.pdf.

Religion, Werte und religiöse Bildung im Elementarbereich. 10 Thesen des Rates der EKD, Mai 2007, http://www.ekd.de/EKD-Texte/elementarbildung.html.

Landesverband Evangelischer Tageseinrichtungen für Kinder (Hrsg.) (2007): Gesicht zeigen mit evangelischem Profil, Bremen, http://www.kirche-bremen.de/downloads/landesverband_evangelisches_profil_gesicht_zeigen.pdf.

Kirchenamt der EKD (Hrsg.) (2004): Wo Glaube wächst und Leben sich entfaltet. Der Auftrag evangelischer Kindertageseinrichtungen. Eine Erklärung des Rates der EKD, Gütersloh, http://www.ekd.de/EKD-Texte/44706.html.

Rolf Sänger-Diestelmeier, Pastor i. R., studierte neben Theologie auch Sozialpädagogik, arbeitete lange Zeit als Gemeindepastor, war 2007 bis 2013 Pastor für Religionspädagogik und Fachberater beim Landesverband Ev. Tageseinrichtungen für Kinder in Bremen.

© Bernd Ege - Fotolia.com

Inklusive Konfirmandenarbeit

Ulrike Urner

Es ist Advent. Aber im Konfirmandenunterricht geht es schon um Weihnachten. Acht Jugendliche mit geistiger Beeinträchtigung sitzen im Kreis um den Adventskranz. In den Händen halten sie die Krippenfiguren der Evangelischen Ernst-Moritz-Arndt-Gemeinde in Berlin-Zehlendorf. Diese Figuren sind aus Olivenholz geschnitzt und einigermaßen groß – immerhin gut 40 Zentimeter! Und die Reaktion ist immer dieselbe: Wer sie in die Hände bekommt, muss sie drehen und wenden, die schöne Maserung bestaunen und – vor allem anderen – mit den Fingern immer wieder über das glatte Holz streichen! So sitzen wir da: drehend, staunend, streichend, und dabei sammeln die Konfis alles, was sie von der Weihnachtsgeschichte erinnern.
Schließlich fällt ihnen nichts weiter ein. Wir bringen alles in Reihenfolge, soweit möglich – und dann soll die Erzählung mit den Krippenfiguren nachgespielt werden.

Florian hat schon den ganzen Nachmittag keinen Bock. Erst diese bescheuerten Figuren, dann die öde Geschichte, die er auswendig kennt, und jetzt auch noch Nachspielen! Wie langweilig geht's noch?! Nein, er übernimmt keine Rolle! Und Paulas Vorschlag, er könne ja das Kamel spielen, findet er nicht lustig!! Er hat keine Lust – die anderen sind langsam genervt: Sie wollen das mit der Szene wenigstens mal ausprobieren. »Mann!! Florian!! Dann spiel' doch wenigstens 'ne kleine Rolle! Du kannst das doch so gut!« Vielleicht hat er sich geschmeichelt gefühlt. Vielleicht wollte er es auch einfach zu einem Ende bringen. Jedenfalls entscheidet er sich schließlich doch noch mitzuspielen. Und zwar einen Wirt: »Da gibt's wenigstens bisschen Action!« Mit einer kleinen Sorge um unsere Josef-Figur, die vermutlich im Zentrum der Action stehen wird, beginnen wir mit dem Spiel. Der Kollege erzählt nach den Vorgaben der Gruppe, die Jugendlichen gestalten mehr →

und mehr »ihre« Figur. Unaufhaltsam nähern wir uns der Herbergssuche … Florian spielt den zweiten Wirt von dreien, hat also auch noch einen Moment Zeit, um seinen Kneipier »Anlauf« nehmen zu lassen. Sebastian spielt den Josef und lässt ihn beim ersten Wirt anklopfen: »Wollte mal fragen, ob meine Frau und ich …« – da ruft Wirt Zwei alias Florian: »Kannst zu mir kommen! Ich hab' noch 'n Stall frei!« Und während der verdatterte Sebastian-Josef seine Figur tatsächlich zum zweiten Wirt schiebt und wir anderen sprachlos auf Florian sehen, schimpft der vor sich hin: »Was denn? Die is' schwanger, Mann! Die is' schwach! Das is' doch 'ne Schweinerei, die stehen zu lassen!!«

Und für mich wird Weihnachten.

Drei Jahrgänge Konfirmandenunterricht für Jugendliche mit geistiger Beeinträchtigung lagen hinter uns. Wir – einer der Gemeindepfarrer und ich – hatten uns bewusst gegen einen inklusiven Konfirmandenunterrich entschieden. Unsere Argumente waren die gängigen:

- Jugendliche mit geistiger Beeinträchtigung brauchen für vieles viel Zeit – von alltäglichen Verrichtungen bis zur Auseinandersetzung mit Inhalten. In einer »gemischten« Gruppe würden sie zu kurz kommen.
- Für Jugendliche mit geistiger Beeinträchtigung ist eine andere Methodik und Didaktik nötig als für Jugendliche ohne. Einer von beiden Gruppen würden wir also nicht gerecht.
- Jugendliche mit geistiger Beeinträchtigung interessieren sich für andere Themen als Jugendliche ohne, bzw. interessieren sie andere Aspekte an den vielleicht selben Themen. An einer von beiden Gruppen würden wir also vorbeireden.

Alle Argumente hatten eines gemeinsam: Sie orientierten sich an den Unterschieden zwischen Jugendlichen mit geistiger Beeinträchtigung und denen ohne. Im Hintergrund stand zum einen der Wunsch, zu beschützen, und zum anderen die Unsicherheit gegenüber einem Konzept inklusiver Konfirmandenarbeit. Dabei erlebten wir gleichzeitig, wie viel Neues wir selbst durch die Konfirmanden lernten. Ihr Blick auf die Welt und auf das Leben, ihr Umgang mit sich selbst, miteinander und mit uns, ihre Gedanken zu den Bibeltexten, zum Gottesdienst oder zur Gemeinde: Vieles habe ich ganz neu gehört und gesehen. Letztlich war es wohl auch diese Erfahrung, die uns zum Umdenken brachte: Was wir hier jede Woche erleben, dürfen wir anderen nicht vorenthalten!

Gleichzeitig entgeht den Jugendlichen *mit* Beeinträchtigung das, was ihre Altersgenossen *ohne* Beeinträchtigung an Gedanken und Auseinandersetzungen zu den Themen des Konfirmandenunterrichtes einbringen: Welche Themen bzw. welche Aspekte an den Themen interessieren? Wo führt der unterschiedliche Alltag zu unterschiedlichen Sichtweisen auf biblische Texte und auf gemeindliche Praxis? Wo sind die Übereinstimmungen? Und nicht zuletzt: Wo werden unnötig Herausforderungen vermieden, seien sie nun organisatorischer oder inhaltlicher Art, die gemeinsam angenommen und gemeistert werden könnten und damit alle Beteiligten stärken würden?

In unserer ganzen Unterschiedlichkeit spiegelt sich in uns Menschen das Ebenbild des lebendigen Gottes. Diesen Gott in der oder dem anderen zu entdecken, ist eine Aufgabe und gleichzeitig eine Einladung, die uns während unseres ganzen Lebens begleitet. Und es ist einer unserer Aufträge als Kirche, diese Einladung an alle Menschen weiterzugeben, die wir erreichen können. Wenn wir einzelnen Menschen oder auch Gruppen nicht alle Möglichkeiten dazu bieten – und sei es noch so fürsorglich begründet –, schränken wir uns letztlich freiwillig selbst ein. Ganze Facetten des Wesens Gottes bleiben uns verborgen, sowohl für uns selbst als auch im Miteinander. Und das wäre einfach zu schade ..

Also: Der nächste Jahrgang sollte inklusiv werden! Und eigentlich konnte es so schwer auch nicht sein – schließlich hatten wir außerhalb des Konfirmandenunterrichts ja schon gute Erfahrungen gemacht! Eins der Konfirmandenwochenenden im Frühjahr richtete sich an Jugendliche ohne und solche mit geistiger Beeinträchtigung und wurde begeistert angenommen. Auch beim Landesjugendcamp der Evangelischen Jugend waren wir inklusiv dabei und es war für alle Teilnehmenden ein Höhepunkt im Jahr. Und beim Kirchenkreisfest wurde die Bar mit den alkoholfreien Cocktails von allen Jugendlichen des Kirchenkreises Teltow-Zehlendorf bespielt – egal, mit wie viel Assistenzbedarf die Einzelnen unterwegs waren!

In Gesprächen mit Jugendlichen und Eltern gab es viel Zustimmung und große Neugier auf diesen Neuanfang. Aber auch Bedenken wurden laut: Ob alle zu ihrem Recht kämen? Ob wir eine angemessene Form finden würden? Ob uns genug Mitarbeitende zusagen würden? Um genau das herauszufinden, mussten wir es probieren. Wir begannen mit der Konzeptplanung.

Zuerst die Rahmenbedingungen:

Wir entschieden uns für eine Gruppengröße von zehn Jugendlichen: fünf mit geistiger Beeinträchtigung und fünf ohne. Bei dieser Zahl wäre inhaltlich und organisatorisch ausreichend Raum für die Bedürfnisse des und der Einzelnen.

Neben uns zwei beruflich Mitarbeitenden wollten zwei Jugendliche ehrenamtlich dabei sein.

Für zwei weitere Mitarbeitende für den Assistenzbedarf der Jugendlichen mit geistiger Beeinträchtigung erhielten wir von der Aktion Mensch über einen Antrag »Miteinander gestalten« die Zusage für Honorarmittel.

Dann das Inhaltliche:

Als Thema für das Jahr Konfirmandenunterricht hatten wir das Vaterunser gewählt. Die einzelnen Unterrichtseinheiten sollten sich in kleinen Schritten an dem Text des Gebetes orientieren (Thema

Diakonie Berlin-Brandenburg-schlesische Oberlausitz (Hrsg): Inklusion, eine Broschüre mit pädagogischen und theologischen Grundinformationen, Praxisbeispielen und Anregungen zur Weiterarbeit.

http://www.diakonie-portal.de/downloads/aktuelle-downloads/inklusionsbroschure/view

Diakonie Berlin-Brandenburg-schlesische Oberlausitz (Hrsg) (2011): Diakonie ist Vielfalt – Interkulturelle Öffnungsprozesse gestalten und unterstützen.

http://www.diakonie-portal.de/presse/downloads-2011/IKO-Broschure_A4_2011_fur-E-Mail.pdf/view?searchterm=Diakonie%20ist%20Vielfalt

»Unser«, Thema »Vater«, Thema »Himmel« usw.). Über die Schlagworte wollten wir die dazugehörenden Themenkreise erschließen.

Die Themenkreise wiederum wollten wir unterschiedlich umsetzen: eine Collage mit Fotos zum *Volk Gottes* zum Beispiel. Eine Theaterszene zum Themenkreis *Beziehungen*. Musik zum Thema *Himmel* und *himmlisch*. Die Details würden wir mit der Gruppe verabreden. Die großen kirchlichen Feiertage sollten in eigenen Einheiten ihren Platz bekommen, ebenso die Sakramente. Diese Form des Unterrichts hatte sich in den letzten Jahrgängen bewährt. Wie wir sie aktuell für die inklusive Gruppe gestaltet hätten, wäre in regelmäßigen Vorbereitungstreffen besprochen worden.

Die Ergebnisse sollten auf einer eigenen Website dokumentiert werden. So konnten alle nach ein paar Tagen noch mal nachsehen, was wir uns im letzten Konfirmandenunterricht geleistet hatten. Gleichzeitig bietet eine solche Seite natürlich auch eine gute Möglichkeit, die laufende Arbeit Interessierten zu präsentieren und mit dem Internetauftritt der Jugendarbeit im Kirchenkreis zu vernetzen. Für Honorar und Sachkosten für die Webmasterin gab es wiederum über den genannten Antrag von der Aktion Mensch eine Zusage.

Nachdem wir so weit geplant hatten, verteilten wir die Einladungen zu unserem Projekt. Im Bereich des Kirchenkreises gibt es vier Schulen mit dem Förderschwerpunkt *Geistige Entwicklung*. Mit allen vier Schulen gab es in der Vergangenheit eine gute Zusammenarbeit – also wandten wir uns auch mit unserem Angebot an sie. Gleichzeitig stellten wir unsere Idee bei den Konfirmandinnen und Konfirmanden vor, die sich für den neuen Jahrgang anmeldeten. Und dann mussten wir nur noch auf die Anmeldungen warten. In meinem Text gibt es viel zweiten Konjunktiv … Denn unser Projekt hat nicht stattgefunden. Auf unsere Einladung meldeten sich fünf Jugendliche ohne geistige Beeinträchtigung.

Und niemand mit.

Das Ganze ist jetzt ein halbes Jahr her. Und wir sind eigentlich noch immer mit der Ursachenforschung beschäftigt. Da es uns nur an Jugendlichen von den Förderzentren fehlte, hätten wir dort vielleicht noch gezielter werben müssen. Oder länger vorher? Wir waren im üblichen Rhythmus der Gemeinde geblieben: Der neue Unterrichtsjahrgang beginnt nach den Konfirmationen, nach Pfingsten. Eingeladen haben wir zwischen den Winter- und den Osterferien. Vielleicht ist das für eine solche Neuerung zu kurzfristig angesetzt? Und eine zweite Ursache haben wir im Verdacht: Anfang 2011 veröffentlichte der Berliner Senat sein Konzept »Inklusive Schule«. Danach sollten bis 2017 alle Kinder und Jugendlichen gemeinsam unterrichtet werden, unabhängig vom individuellen Förderbedarf. Im Zuge dieser Umstrukturierung würde man die dann überflüssigen Förderzentren schließen und die Sonderpädagogen, soweit nötig, an den Regelschulen einsetzen. Auf diese Weise könnte das gesamte Konzept kostenneutral umgesetzt werden …

Die Verbitterung unter den Eltern und Pädagogen war groß. Hier entstand der Eindruck, unter der Vorgabe der Umsetzung der UN-Behindertenrechtskonvention sollten auf dem Rücken ihrer Kinder und Schüler und um den Preis der eigenen Arbeitsplätze Kosten gespart werden! Nach massivem Widerstand wurde das Konzept verschoben und die Idee der kostenneutralen Umsetzung verworfen.

Vor dem Hintergrund der unsäglichen Debatte ist das Misstrauen gegenüber inklusiven Ansätzen insgesamt eher größer geworden.

Aber vor dem Hintergrund der unsäglichen Debatte ist das Misstrauen gegenüber inklusiven Ansätzen insgesamt eher größer geworden – auch und vor allem bei Eltern von Kindern mit erhöhtem Assistenzbedarf.

Nach wie vor gibt es wenige konkrete Rückmeldungen und viel Spekulation. Wir haben uns entschlossen, es trotzdem erneut zu versuchen. Denn eigentlich können alle nur gewinnen.

Auf ein Neues also.

Ulrike Urner betreut in der Ernst-Moritz-Arndt-Kirchengemeinde Berlin die Behindertenarbeit.

Inklusion mit Nadel und Faden

Kerstin Weber-Spethmann

Es gibt viele Definitionen des Begriffs »Inklusion«. Es ist von Wertschätzung der Diversität im Gegensatz zu Selektion, Separierung und Stigmatisierung die Rede. Der Lateiner leitet es von *includere* ab, was so viel heißt wie: beinhalten, einschließen, umzingeln.

Wir, Frauen aus Seniorenkreisen der Kirchengemeinden des Kirchenkreises Lübeck-Lauenburg, der AWO-Seniorentreffs des Kreisverbandes Lübeck und der Frauengruppe von »Mixed Pickles, Verein für Mädchen und Frauen mit und ohne Behinderung«, behaupten: Inklusion ist das, was uns verbindet, und wir lenken unseren Blick nicht auf das, was Behinderte und Nichtbehinderte trennt.

Was aber verbindet Frauen mehr als ihre Handtaschen? Egal, ob jung oder alt, behindert oder nichtbehindert – jede Frau hat schon einmal eine Handtasche genutzt. Ebenso verbindet uns Frauen die Tatsache, dass wir alle nur ungern liebgewonnene Kleidungsstücke entsorgen, denn, so denken wir: Sicher wird der Schnitt des Kleides nächstes Jahr wieder modern, oder: Nach einer Frühjahrskur passt die Lieblingshose bestimmt wieder, und für die Bluse, so verwaschen sie auch ist, habe man schließlich viel Geld ausgegeben. Welche Frau kennt diese unschlagbaren Argumente nicht, die das befreiende Wegwerfen verhindern und unsere Kleiderschränke zum Überquellen bringen.

So legten wir los und durchstöberten unsere Schränke und Dachböden. Wir suchten nach unseren »Lieblingskleidungsstücken«, die zum einen eine Geschichte erzählen können und denen zum anderen eine neue Funktion geschneidert werden sollte. Gemäß dem Motto »Gestern habe ich dich getragen, heute trägst du meine Einkäufe« entstanden aus Kleidern Taschen. Hemden wurden zu Schürzen, aus Tops wurden Kissen und aus vielen Resten entstanden Wimpelbänder für fröhliche Feste.

Jedes der Lieblingsteile brachte seine Geschichte mit und diese teilten wir in der Nährunde einander mit. Wir hörten viel Lustiges, manch Bitteres und auch Nachdenklichkeit hatte ihren Platz. Je-

Weitere Informationen erteilen gerne die Projektleiterinnen:

Kerstin Weber-Spethmann, Fachberatung Seniorenarbeit,
Ev.-Luth. Kirchenkreis Lübeck-Lauenburg, Am Markt 7, 23909 Ratzeburg, kspethmann@kirche-ll.de

Kerstin Behrendt, AWO Kreisverband Lübeck e.V.,
Große Burgstr. 51, 23552 Lübeck, info@awo-kreisverband-luebeck.de

Lena Middendorf, Mixed Pickles e.V.,
Schwartauer Allee7, 23554 Lübeck, l.middendorf@mixedpickles-ev.de

des Teil brachte uns die Biografie und damit die Trägerin näher. Bettwäsche aus der Aussteuer, die in den 1950er Jahren modern war, schmückt nun als Zierkissen die Fensterbank. Das Lieblingshemd des verstorbenen Ehemanns ziert als Schürze die Trägerin. Aber auch Geschmacksverirrungen der 1980er Jahre mit der geliebten orangebraunen Ornamentik lassen sich als Einkaufsbüttel besser (er)tragen.

Dann besuchten sich die Nähgruppen; Behinderte und Nichtbehinderte begegneten sich, um sich ihre Werke zu zeigen und voneinander zu hören, nach dem Motto: »Zeig mir deine Tasche, ich zeig dir meine Tasche; erzähl mir deine Geschichte, vielleicht hörst du auch meine.« Natürlich hatten wir viel Trennendes im Kopf und auch die Vorurteilsfalle schnappte zu. Wie soll ich mich bei »den Behinderten« benehmen? Darf ich auch Nein sagen oder wird von mir erwartet, dass ich alles mitmache? Werden die vermeintlichen Nichtbehinderten nun wieder den Ton angeben und wissen, wie es richtig ist? Können behinderte Frauen ordentlich nähen, haben Frauen ohne Behinderung genügend Mut und Phantasie?

Wir alle hatten unsere Wenns und Abers im Kopf, jedoch waren wir auch sehr neugierig. Wir tauschten uns aus, Vertrauen wuchs, Berührungsängste bauten sich – wie von selbst – ab. Wir begeisterten einander mit den großartigen Ergebnissen des Umschneiderns. Mit Freude und Überraschung entdeckten wir dabei unsere Gemeinsamkeiten.

Da wir unsere Erfahrungen auch nach außen tragen wollten, stand am Ende des Projektes eine Ausstellung im öffentlichen Raum. Wir wollten deutlich machen, was uns als jungen und alten Frauen mit und ohne Behinderungen gemeinsam ist: die Liebe zu Taschen, zum Handarbeiten, zum Klönen, der respektvolle Umgang miteinander und die Neugierde auf die Geschichte der anderen. Die Ausstellung fand für zwei Wochen in einer Einkaufspassage Raum. Dort stellten wir in Vitrinen einen Teil der Ergebnisse aus.

Die »Produzentin« teilte auf Hinweisschildern mit, was ihr über die »Biografie« des Kleidungsstückes zu sagen wichtig war. Da es uns nicht möglich war, ständig vor Ort zu sein und die Ausstellung zu begleiten, hatten die Besucher die Möglichkeit, Eintragungen in ein Gästebuch vorzunehmen. Hier einige Auszüge:

»Einfach Klasse, so kommen die Sachen nicht in den Müll.«

»Eine tolle Idee mit klasse Umsetzungen! Großes Lob und Dank fürs Zeigen.«

»Die Idee ist verdammt gut!!!«

»Die Idee ist voll schön. Lange nicht mehr so etwas Nettes gesehen!«

»Zu der Ausstellung kann ich nur ›Super‹ sagen. Eine tolle Idee, aus alten Lieblingsstücken etwas Neues zu machen und es so in Ehren zu halten.«

»Warum gibt es so was nicht auch für Männer?«

Wie geht es nun weiter mit unserer Suche nach Gemeinsamkeiten, dem Nicht-Trennenden von Frauen mit und ohne Behinderung? »Gleich ist, dass alle anders sind!«, so lautet ein Motto von Mixed Pickles e.V.

Frauen mit und ohne Behinderung können laut oder leise, zurückhaltend oder tonangebend sein. Vor allem aber: »Alle können was!« Vielleicht besonders gut nähen, Geschichten erzählen oder für gute Laune sorgen. Da, wo gemeinsame Interessen verbinden, behindern allenfalls Vorurteile und Nichtwissen Inklusion. Wir »scheinbar« Nichtbehinderten haben in diesem Projekt unsere Vorurteile und Ängste wahrgenommen, an ihnen gearbeitet, sie korrigiert und wir haben uns fortgebildet. Dabei haben wir erkannt: »Inklusion beginnt im Kopf« und geht uns alle an. Jetzt wissen wir, dass 95 % aller schwerbehinderten Menschen in Deutschland ihre Behinderungen im Laufe des Lebens erworben haben.

Willkommen, Ihr Sehbehinderten, Tauben und Lahmen, Ihr Schlaganfall-Geschädigten und Alzheimer- und Parkinsonpatienten. Herbei Ihr Rollatoren und dritten Zähne. Willkommen im Club. Kurzum, wir haben alle unsere Behinderungen. Die eine mehr, die andere weniger. Kein Grund, Angst zu haben oder sich über andere zu stellen.

Aber Grund genug, unsere Einrichtungen und Kirchengemeinden auf ihre Barriere-Armut zu überprüfen. Wie sieht es denn aus mit dem Gemeindebrief? Kann ich ihn auch mit Makuladegeneration erkennen? Hat eigentlich irgendwer die Sinnhaftigkeit der Induktionsschleife überprüft? Ein Behindertenklo macht eben noch keine Inklusion.

Auf der anderen Seite braucht es aber auch nicht immer teure Umbauten. Kleine Hilfen und Aufmerksamkeiten können das Leben vieler erleichtern. Dies ist Grund genug, immer wieder unsere Barriere-Armut im Kopf zu überprüfen. Denn wir haben begriffen: Inklusion ist keine Verordnung oder DIN-Norm. Inklusion ist eine Haltung.

Unsere nächste gemeinsame Aktion wird ein Sommerfest sein, an dem wir unsere »Werke« noch einmal vorführen. Wir sind schon wieder neugierig!

Kerstin Weber-Spethmann ist für die Fachberatung Seniorenarbeit im Kirchenkreis Lübeck-Lauenburg zuständig.

After-Work-Theologie

Glaubensgespräche in der Kneipe

Margrit Wegner

Angefangen hat alles mit einer E-Mail: »Ich bin letztes Jahr aus der Kirche ausgetreten. Häufig zweifle ich an der Entscheidung. Ich würde gerne darüber reden.« Der Nachricht folgte ein Gespräch. Die Absenderin der E-Mail, Mitte 30, beschrieb es so: »Meine Spannung stieg: eine Pastorin bei mir auf dem Sofa. Nach zwei Stunden ging sie wieder. Ich fing an zu grübeln: Die war ja offen und modern, der konnte ich alles sagen, und sie sah total normal aus! Ich hatte kein schlechtes Gewissen, ihr all meine Bedenken gegen Kirche mitzuteilen. Sie hat gesagt, dass es andere wie mich in der Gemeinde gibt, die sich auch mit dem Thema beschäftigten. Ergebnis des Kaffeetrinkens: Wir wollen eine Kirchen-Diskussionsgruppe mit Menschen wie Du und ich starten! Und nein, wir wollen uns nicht im Gemeindesaal treffen, sondern in einer Kneipe!«

Einen konkreten Plan hatten wir nicht. Nur die Frage: Wo sind die Leute in unserem Alter? Wo haben sie Platz in der Gemeinde? Was würde uns selbst interessieren, wozu würden wir unsere Freunde einladen? Wir haben einfach angefangen.

Die Leute: Wen sprechen wir an?

Die junge Frau hatte das Gefühl: »Kirche war irgendwie uncool. Passt nicht zu meinem Alter, meinem Lebensstil und meinem Job. Jemanden wie mich finde ich in der Kirche auf keinen Fall. Um auf Menschen wie mich zu treffen, muss ich in Berlin Mitte in angesagten Cafés sitzen, mich auf irgendwelchen hippen Parties aufhalten oder Mitglied in Business Clubs werden!«

Genau diese Leute aber wollten wir, auch wenn Lübeck nicht Berlin ist. Wir haben Bekannte und Freunde eingeladen, Brautpaare und Taufeltern, Menschen zwischen 25 und 45, von denen wir annahmen, dass sie ebenfalls auf der Suche wären.

Inzwischen, nach gut einem Jahr, sind 25 Leute im E-Mail-Verteiler. Manche sind aus der Kirche ausgetreten, andere haben es mit Hauskreisen versucht. Sie sind Protestanten und Katholiken, Singles und vierfache Mütter, Sozialarbeiter, Arbeitssuchende, Studenten. Viele kennen Krisen, Scheidung, Tod der Eltern, Burnout. Ihre Erfahrung: »Ich fing an zu zweifeln, als mein nach außen hin perfektes Leben zusammenbrach. Ich musste meinen persönlichen Sinn des Lebens suchen, mir blieb nichts anderes übrig. Nicht nur ich war verwirrt, auch mein Umfeld. Heißt es nicht, dass der Mensch in schweren Zeiten anfängt, an Gott zu glauben? Bei mir war das nicht gleich der Fall. Es dauerte ein paar Jahre. Bevor ich Gott ›ansprach‹, musste ich aus der Kirche austreten und bei Null in Sachen Glauben anfangen! Es gab lauter Fragen, die ich nicht googlen konnte. Wikipedia war keine Hilfe. Die Menschen, die mich umgaben, konnten nicht weiterhelfen. Jetzt habe ich festgestellt, dass es schon einige gab, mit denen ich darüber hätte sprechen können. Ich habe es ihnen nur nicht angemerkt oder nicht erkannt, dass wir bei vielen Fragen längst in das Glaubensthema gerutscht waren!«

Der Ort: Wann, wo und wie kann das gelingen?

Kaum einer aus der Runde hätte von sich aus eine Gesprächsgruppe im Gemeindehaus gesucht. Gemeinde? Da sitzt man doch im Stuhlkreis, bekommt eine aufgeschlagene Bibel in die Hand, es gibt roten Tee, und dann wird gebetet. Das passt nicht zum Lebensstil.

In einer Kneipe aber trifft man sich mit Freunden, kann unverbindlich gucken, auch wieder gehen. Darf ein Feierabendbierchen trinken oder etwas essen, wenn bei der Arbeit keine Zeit dafür war. Es redet sich lockerer. Niemand muss etwas vorbereiten und extra die Wohnung aufräumen. Alle zwei Wochen kann man einen Abend dafür freihalten, und 19.30 Uhr ist als Anfangszeit für Berufstätige wie Eltern möglich. Wer will, bleibt danach noch oder zieht weiter.

Entscheidend war die Erfahrung am Anfang: »Das war ein kirchliches Treffen? Gott und das Evangelium waren nur ein kleiner Teil. Sollten etwa in den Bereich Glaube und Kirche noch andere Themen fallen? Themen, die ich nie mit Kirche in Verbindung gebracht hatte, die mich tagtäglich betrafen? Das hatte ich nicht erwartet. Glaube bestand für mich bisher immer nur aus Themen, die sich in einer Kirche abspielten und nicht in meinem Alltag! Auf dem Nachhauseweg kam mir der Gedanke, dass ich doch das Thema Kirche grundlegend überdenken und mir klar darüber werden sollte, was Gott für mich bedeutet!«

Erstaunt stellten alle nach anfänglicher Skepsis fest: Die Leute, die in die Kneipe kommen, sind »alle total sympathisch, wie Menschen aus meinem Freundeskreis!« Sie haben »keine Ähnlichkeit mit den Kirchgängern, die ich bisher immer im Gottesdienst gesehen hatte. Oder hab ich sie nicht sehen wollen? Fazit: Es gibt sie also doch in der Gemeinde, die 25- bis Mitte 40-Jährigen. Und einige Vertreter dieser Zielgruppe saßen hier in der Kneipe und ich war ein Teil dieser Gruppe!«

Die Themen: Was reden wir?

Noch einmal ein O-Ton aus der Gruppe: »Bereits beim zweiten Treffen schlugen alle Themen vor, die wir besprechen wollten. Sie trafen bei mir absolut ins Schwarze. Das waren Fragen, mit denen ich mich in den letzten Monaten befasst hatte, hauptsächlich allein.

Hier in der Gruppe bemerkte ich, dass sie bei anderen auch aktuell waren. Die, mit denen ich hier am Kneipentisch saß, waren bereit, ihre Gedanken zu teilen und auszutauschen und sich meine Gedanken anzuhören und zu respektieren. Ich spürte: Ich bin nicht allein mit all den Fragen! Das war ein sehr schönes Gefühl, ein Gefühl, das ich lange nicht kannte!«

Die Themen sammeln wir alle paar Wochen. Sie sind so unterschiedlich wie die Menschen in dieser Runde: Wo begegne ich Gott? Was heißt »Lamm Gottes« und »für uns gestorben«? Brauchen Christen die Kirche für ihren Glauben? Wie ist das mit Schuld und Vergebung? Und: Das Böse, wo kommt das her?

Jeder bereitet sich vor, wie es die Zeit zulässt. Manche lesen Bücher zu einem Thema, andere erzählen von persönlichen Erfahrungen oder Kinofilmen, in letzter Zeit auch mehr und mehr von Gottesdiensten und Predigten. Wichtig ist hinterher

Foto: Ingo Socha

die Zusammenfassung per E-Mail: Einer aus der Gruppe schreibt gern. Er bündelt die Diskussion, sammelt Literaturhinweise oder neue Fragen. So bleiben alle auf dem Laufenden, auch die, die ein Treffen verpassen.

Die Gemeinde: Wie gelingt der Weg von der Kneipe in den Dom?

Die wichtigste Motivation ist – Neugier. Die Dom-Gemeinde hat in Lübeck einen gewissen Ruf, »man hält sich zum Dom«. Da trägt man Mantel. Da sind die Gottesdienste hochliturgisch, da wird alles gesungen und immer Abendmahl gefeiert, und jeden Sonntag sitzen 200 Leute da. Das ist faszinierend, fremd und etwas rätselhaft für Distanzierte und Neugierige, allerdings nicht gerade niedrigschwellig. Doch die klare Liturgie hilft, dem Ablauf zu folgen.

Manchmal dient die Gruppe in der Kneipe bei Erwachsenentaufen der Taufvorbereitung. Dann wollen viele im Taufgottesdienst dabei sein. Inzwischen verabreden sich die meisten regelmäßig zum Gottesdienst und unternehmen gemeinsam etwas.

Schnell entstand der Wunsch: »Wenn wir jetzt schon irgendwie Teil der Gemeinde sind, wollen wir auch mehr machen.« Teilnahme am Gemeindefest und an der Gemeindefreizeit, mal einen Bestatter besuchen, einen Flohmarkt veranstalten und gemeindliche Nachbarschaftshilfe organisieren.

Inzwischen gibt es einen richtigen Austausch zwischen Gemeinde und Kneipe. Der Name ist ein stehender Begriff geworden. Zwei Wiedereintritte und zwei Erwachsenentaufen sind die Bilanz auf dem Papier. Aber das, was da in der Gruppe und vor allem innerhalb der Gemeinde in Bewegung gekommen ist, geht weit darüber hinaus. →

Die Frage: Ist das ein Glaubenskurs? Kann man das planen?

Hätten wir von Anfang an einen Glaubenskurs in der Kneipe geplant, wäre es sicher anders geworden. Wir haben keinen festen Kurs-Zeitraum, kein Curriculum, kein Leitungsteam. Es gibt keinen festen Beginn für Neueinsteiger und keinen Aufbaukurs für Fortgeschrittene. Wir sind eine offene Gruppe. Einige sind von Anfang an dabei, anderen stoßen neu dazu. Menschen, die am Feierabend Theologie treiben und stundenlang über Gott und die Welt diskutieren, weil sie spüren, dass das etwas in ihrem Leben verändert. Fragt man die Teilnehmenden selbst, decken sich ihre Eindrücke mit denen von Glaubenskursteilnehmern: »Seit einigen Monaten befasse ich mich mit dem Thema Glauben. Glaubens-Profis würden mich auf einer Glaubens-Skala wahrscheinlich noch recht weit unten einstufen. Zurzeit habe ich nicht einmal eine Bibel zuhause. Beides macht mich nicht zu einer schlechteren Christin. Was, wie und wann ich glaube, ist ganz allein meine persönliche Empfindung; es ist nichts, was andere Menschen *judgen* können und sollten. Wenn ich die letzten Monate Revue passieren lasse, bin ich ein wenig stolz auf mich. Bei Gesprächen und eigenen Gedankengängen habe ich einiges gelernt. Aber das Wort *lernen* passt nicht. Es hört sich nach Regeln, Vorgaben, Stress und Druck an. Vielleicht sollte ich es eher *erfahren* nennen. Es sind keine Theorien oder Ähnliches, es ist eher ein Gefühl. Ein Gefühl von Verbundenheit, Gemeinsamkeit, Respekt, Vertrautheit, von Wünschen, Interesse, Achtung und Hoffnung. Es gibt da draußen Menschen, die so ticken wie ich, die die gleichen Wünsche, Hoffnungen, Zweifel und Probleme haben, und die das alles mit mir und anderen Menschen teilen möchten!

Getauft wurde ich, weil meine Eltern es wollten. Konfirmiert wurde ich, ›*weil das halt alle machen*‹. Ausgetreten bin ich, weil ich nicht wusste, ob ich glaube und was das für mich bedeutet. Wieder eintreten möchte ich, weil ich den Glauben fühle. Dass ich irgendwann 100%ig hinter der Institution Kirche stehe, glaube ich nicht. Ich werde auch in Zukunft meine Wäsche am Sonntag waschen und aufhängen, und ich bin mir sicher, dass Gott damit weniger Probleme hat als einige Mitmenschen. Mein Glaube soll mir im Alltag weiterhelfen und nicht ein Glaube sein, der sich streng an Regeln hält, die vor vielen Jahrtausenden in Stein gemeißelt wurden. Ich denke, dass ich auch mit bestehenden Zweifeln an dem kirchlichen System ein glückliches und zufriedenes Kirchenmitglied werden kann, denn der menschliche Aspekt und nicht die Institution überwiegt in dieser Beziehung deutlich!«

Aus diesen menschlichen Aspekten sind ganz erstaunliche Glaubensgeschichten und Beziehungen entstanden, die die Gemeinde beleben. Alle sind gespannt, wie es weitergeht. Einen Plan haben wir dafür nicht – aber ziemlich viele Ideen und jede Menge Gottvertrauen.

Margrit Wegner ist Pastorin am Dom zu Lübeck.

NEU

Unter dem Titel **„... dass alle eins seien – im Spannungsfeld von Exklusion und Inklusion** legen Dr. Annebelle Pithan, Prof. Dr. Agnes Wuckelt und Dr. Christoph Beuers den Dokumentationsband des 7. Forums für Heil- und Sonderpädagogik 2012 vor. Er greift die Dynamik von Inklusion und Exklusion im Kontext kirchlicher Bildungsverantwortung auf.

Die Beiträge reflektieren Inklusion aus biblischer, diakonischer und pädagogischer Perspektive und benennen Herausforderungen kirchlich verantwortetes (Bildungs-)Handeln. Sie entfalten psychologische und künstlerische Zugänge als Ressourcen für eine inklusive Haltung. Best-practice aus Gemeinden und Gemeinwesen, Schule und Religionsunterricht, Aus- und Fortbildung runden den Band ab.

Wir empfehlen die Publikationen Ihrer Aufmerksamkeit und einer kritischen wie freundlichen Rezeption.

Annebelle Pithan, Agnes Wuckelt, Christoph Beuers (Hrsg.)
„... dass alle eins seien" – Im Spannungsfeld von Exklusion und Inklusion.
Forum für Heil- und Religionspädagogik, Bd. 7
Comenius-Institut: Münster 2013. 260 Seiten. 11,00 €. ISBN 978-3-943410-037

Jetzt im Open Access downloadbar!
http://www.comenius.de ☛ *Bookshop*

Fotos: Torsten Maue (tm-md/flickr.com)

Schwarz hat viele Facetten

Eine Annäherung an die Schwarze Szene

Andrea Völkner

Die Schwarze Szene ist den meisten Menschen fremd und wird von Außenstehenden oft mit einer Mischung aus Misstrauen und Faszination betrachtet. Schwarz symbolisiert klassischerweise Trauer und Hoffnungslosigkeit. Diese Gothics oder auch Grufties, sind das nicht alles Satanisten, Nihilisten oder zumindest depressive Menschen?

Ich bin Vikarin der Evangelischen Kirche Berlin-Brandenburg-schlesische Oberlausitz (EKBO) und habe mich seit meiner Studienzeit immer wieder mit der Schwarzen Szene beschäftigt. So kamen viele interessante Entdeckungen und Begegnungen zustande, die vielleicht mit mancherlei Vorurteilen aufräumen können.

Tatsächlich distanziert sich der weitaus größte Teil der Szene vom Vorurteil des Satanismus, und auf den Festivals und Konzerten geht es fröhlich und friedlich zu. Die Szene legt großen Wert auf Toleranz, fühlt man sich doch von der Umwelt oft zu Unrecht mit Misstrauen betrachtet – und kokettiert dann durch das düstere Äußere, das einen optisch abgrenzt, doch auch wieder genau damit.

Zuhause in der Kirche und zuhause in Schwarzen Szene, geht das? Glaube an Gott, Quelle der Zuversicht und der Hoffnung auf ein ewiges Leben, und die Nähe zu einer Subkultur, die wie keine andere Tod und Verfall, Trauer und Angst thematisiert, passt das zusammen?

Ich möchte erklären, wie die Gegensätze sich begegnen können.

Ganz sein dürfen

Den allzu perfekten Fassaden traue ich nicht und Hochglanzprospekten kann ich nur schwer glauben. Mir erscheint die Bibel auch deshalb so vertrauenswürdig, weil sie Licht *und* Dunkel anspricht, weil sie das Leid nicht verschweigt und darin Zuversicht und Hoffnung zu wecken vermag. Die Texte der Bibel erscheinen mir ehrlich, weil sie die Ambivalenz des menschlichen Daseins zwischen Gutem und Bösem widerspiegeln und das menschliche Leben zwischen Schicksalsschlägen und Bewahrung schildern. Vielleicht der wichtigste christliche Feiertag ist für mich Karfreitag, ein Tag, der eine Liebe Gottes schildert, die alles gibt und die aus der größten Katastrophe den größten Sieg machen kann. Karfreitag ist gewidmet einem Gott, der nah ist, selbst im tiefsten Dunkel.

Ich glaube, das verbindet christlichen Glauben und Schwarze Szene: ein Gespür für die Untiefen des menschlichen Daseins und der Versuch, eine Sprache und einen Ausdruck für dieselben zu finden. Was nicht ausgesprochen wird, hat die größte Macht. Indem sie Trauer, Angst und Wut thematisiert und künstlerisch bearbeitet, bricht die Schwarze Szene ein Tabu und reißt eine Mauer des Schweigens ein. Ja, diese Empfindungen sind da und sie dürfen da sein. Ich denke, dass die entspannte und friedliche Stimmung auf den Konzerten der Szene sich auch diesem »Tabubruch«, diesem Bruch →

der Hochglanzfassade verdankt, denn er bedeutet »sein dürfen«, *ganz* sein dürfen, nicht immer lächeln zu müssen, und das tut gut. Es zaubert geradezu ein Lächeln auf die Lippen, aber ein echtes, kein aufgesetztes.

Vielfalt in Schwarz

Bei Weitem nicht alle Lieder der Schwarzen Szene behandeln düstere Themen, viele Lieder sind Liebeslieder oder einfach gute Tanzmusik. Das ist ein weiterer Grund, weswegen Schwarze Szene fasziniert: Ihr Schwarz schimmert in unendlich vielen Facetten. Über die Jahrzehnte hat sich die Szene immer weiter ausdifferenziert.

Sie vereinigt gegenwärtig ganz unterschiedliche Musikrichtungen. Da ist mittelalterliche Musik, es gibt rockige Klänge, elektronische Musik in unendlich vielen Spielarten von Future Pop, Industrial bis Harsh Electro und es finden sich geradezu avantgardistische Künstler wie »Qntal« und das Szene-Urgestein »Deine Lakaien«.

Die Künstler, die auf Festivals und Konzerten der Szene auftreten, wie dem »Wave-Gotik-Treffen«, dem »Amphi Festival« und vielen anderen, kommen von verschiedensten Kontinenten, ebenso wie die Besucher. Auch die Altersspanne ist groß, sie reicht von etwa von 15 bis 50 Jahren. Die Szene geht damit altersmäßig weit hinaus über eine reine Jugendkultur.

Agnostische und atheistische Haltungen sind vertreten ebenso wie Versuche, heidnische Bräuche neu zu beleben. Es gibt auch Christen, die (wie sonst mancherorts auch) eine Minderheit darstellen, aber z. B. regelmäßig einen Gottesdienst auf dem »Wave-Gotik-Treffen« feiern, der Teil des offiziellen Festival-Programms ist.

Zu all diesem kommt die optische Vielfalt der Szene, die sich in unterschiedlichste Richtungen entwickelt hat, von romantisch bis martialisch. Es gibt sehr schlichte schwarze Kleidung und es gibt überaus opulente Aufmachungen, die zum Teil selbstgeschneidert sind. Einige erinnern an historische Epochen wie die viktorianische Ära. Im Steampunk verschmelzen Frack und Zylinder mit Apparaturen, die an Geschichten von Jules Verne erinnern. Es gibt Cyber-Gothics mit neonfarbigen Plastikschläuchen als Haarteilen und plüschigen Stulpen, die durch ihre grelle Farbigkeit in der traditionellen, eher puristischen Szene umstritten sind.

Wer sich einen ersten Eindruck verschaffen möchte, der gebe »WGT« (= Wave-Gotik-Treffen) oder »Viktorianisches Picknick« als Stichwörter bei Youtube ein.

Auch ich trage gerne schwarz. Aber ganz in Schwarz gehe ich nur privat vor die Tür, für meine Arbeit als Vikarin trage ich immer auch etwas Buntes. Ich möchte nicht, dass die Menschen, die mir begegnen, über das ungewohnte Äußere stolpern.

Aber generell gilt Schwarz in der Gothic-Szene nicht als eine negative Farbe, sie steht vielmehr für Würde und Individualität, für den Mut, sichtbar zu sein. Schwarz wird zumeist positiv gedeutet und mit Stärke assoziiert, es soll eben gerade nicht nur Trauer symbolisieren.

Sehnsucht nach Transzendenz

Der Alltag und das Untergehen in der Masse, das kann doch nicht alles sein – dieses Empfinden verbindet viele Szenegänger. Die Schwarze Szene überschreitet in ihrer musikalischen und optischen Opulenz die Grenzen von Raum und Zeit und visualisiert die Sehnsucht nach Mehr, nach einem unbestimmten, aber schmerzlich vermissten Mehr. Damit formuliert sie eine religiöse Frage und zeigt ein Gespür für Transzendenz.

Manchmal überschreitet die Szene dabei auch die Grenze des guten Geschmacks und gleitet hinüber ins Bizarre. Durch ihre offene Auseinandersetzung mit den dunklen Seiten des Lebens zieht die Szene m. E. auch kranke Menschen an und bietet das Potenzial, sich in Melancholie hineinzusteigern und sich darin zu verlieren. Der große Teil der Besucher steht mit beiden Beinen im Leben, ist gesellschaftlich etabliert, und man wird wohl kaum eine Szene finden, die sich so viel mit im Kern religiösen Fragen beschäftigt, wie die nach der Bedeutung des Lebens im Angesicht des sicheren Todes. Dabei werden in den seltensten Fällen originelle Antworten geliefert, häufig bleibt es bei der Frage oder einem programmatischen »carpe diem« – bzw. »carpe noctem«.

Immer wieder finden sich auch Vorwürfe an Gott und Religionskritik. »When I look for answers / I just find this / I realize we're forgotten tears / I hope their god never finds us«, schreit Erk Aicrag von der mexikanischen Band »Hocico« heraus. Ich würde nicht zu allen Liedern der Schwarzen Szene tanzen. Es ist nicht so viel Musik, wie man meinen könnte, die sich an Gott abarbeiten möchte, doch zumindest wird eine Leerstelle wahrgenommen und der Atheismus in einer gewissen »Würde der Trostlosigkeit« (F. Steffensky) konsequent zu Ende gedacht.

Es ist die Stärke der Schwarzen Szene, die dunklen Seiten des Lebens zu integrieren, statt sie auszublenden und abzuspalten. Es ist gleichzeitig ihre Gefahr, sie überzubetonen. In jedem Fall aber thematisiert sie – bewusst und unbewusst – eine große Spannbreite religiöser Fragen.

Die Beschäftigung mit den Ausprägungen und Fragen der Schwarzen Szene ist spannend. Wer sich mit ihr auseinandersetzt, wird auf interessante Denkanstöße, auf Schönheit und auf Abgründiges treffen, aber vor allem auf viele freundliche Menschen.

Andrea Völkner ist Vikarin der Evangelischen Kirche Berlin-Brandenburg-schlesische Oberlausitz (EKBO).

Gemeindehäuser, Räume der kirchlichen Gemeinschaft, für vielfältige Aktivitäten und multifunktional

Stefan Schmidt

Unser Büro für Innenarchitektur war schon an mehreren Gestaltungen und Umgestaltungen von Gemeindehäusern beteiligt. In diesem Artikel möchte ich über diese Arbeit berichten, unsere Erfahrungen schildern und die Grundzüge unserer planerischen Tätigkeit erläutern.

Was ist für uns Planer das Besondere an der Gestaltung von Gemeindehäusern?

Für die Kirchengemeinden ist das Gemeindehaus in den meisten Fällen das Haus, welches die Organisation der Gemeinde trägt, in dem neben der Kirche ein sehr großer Teil des Gemeindelebens stattfindet.

So ist hier oft die Verwaltung mit Büroräumen untergebracht, das Gemeindebüro und das Pfarramt als Anlaufstelle der Gemeindemitglieder in allen kirchlichen, organisatorischen Belangen. Des Weiteren ist meist ein großer Veranstaltungsraum, in dem Versammlungen der Gemeinde, des Gemeindekirchenrates etc. abgehalten werden, in dem im Winter die Gottesdienste gefeiert werden, in dem Konzerte und Feiern veranstaltet werden und der den Zusammenkünften der Gemeindegruppen dient, vorhanden oder geplant. Je nach Größe der Kirchengemeinde werden noch zusätzliche Räume für die Kinder-, Jugend- und Seniorenarbeit, Musikkreise, Sportgruppen und vieles mehr benötigt.

Oft werden im Haus Instrumente, Bücher, Musiknoten, Dekorationen usw. gelagert. Hinzu kommen die funktionalen Räumlichkeiten wie Küchen (Teeküchen), WCs und Technikräume.

Kurzum: Das Gemeindehaus ist der zentrale Punkt des Gemeinde(zusammen)lebens und der Gemeindearbeit.

Die obige Aufzählung zeigt das Besondere für den Planer: Es gilt, viele Funktionen für viele Menschen aller Altersgruppen, öffentliche und nichtöffentliche Bereiche in einem Haus unterzubringen.

Die Herausforderung an den Planer

Die Herausforderung an den Planer, ob bei einem Neubau oder einem Umbau, besteht darin, Räume zu schaffen, die möglichst allen Ansprüchen gerecht werden, dabei Synergien der einzelnen Bereiche möglich zu machen bzw. zu nutzen und eine Gestaltung zu finden, welche einer breiten Menschengruppe zusagt.

Grundlagenforschung – vielleicht das Wichtigste und ein hartes Stück Arbeit

Vor der eigentlichen planerischen Tätigkeit des Architekten ist die Gemeinde gefragt!

Es ist möglich, ein Gemeindehaus so herzurichten, dass es die benannten Aufgaben erfüllt und sich eine Gemeinde in ihrem Haus wohlfühlt und ausleben kann. Um dies zu erreichen, müssen als Erstes die Grundlagen erforscht und festgelegt werden. Das heißt, die Gemeinde sollte als Arbeitsmittel für sich selbst und den Architekten eine Aufstellung erarbeiten, in der alle benötigten Bereiche, Gruppen und Funktionen mit deren Anforderungen, Abläufen und Ausstattungsgegenständen (ob vorhanden oder neu benötigt) aufgelistet sind. Da auch bei größten Bemühungen nicht alle Wünsche umsetzbar sein werden, ist es sehr sinnvoll, die einzelnen Punkte nach Prioritäten zu ordnen.

Bei der Erarbeitung dieser Liste sollten die Mitglieder der Gemeinde bestehende Strukturen hinterfragen: Was gefällt uns an unserem Gemeindeleben, was wollen wir ändern, welche Aktivitäten wollen wir anbieten, welche Arbeitskreise haben wir, wie zukunftsorientiert sind unsere Vorstellungen? Es ist dabei wichtig, Gegebenheiten und Abläufe zu prüfen, da sich manches eingebürgert hat, weil es die räumlichen Möglichkeiten und andere Umstände nicht anders zuließen. Aber nicht alles, was man gewohnt ist, ist letztendlich, mit Abstand betrachtet, die optimale Lösung.

Es müssen gewünschte technische Ausstattungen festgelegt werden, Anforderungen an Behindertengerechtheit und Barrierefreiheit, Ökologie und Nachhaltigkeit der Maßnahmen formuliert werden.

Wir müssen hier vorwarnen, diese Aufstellung ist harte Arbeit, die Zeit braucht. Schnell wird es zu kontroversen Diskussionen kommen, weil Vorstellungen auseinandergehen, jeder muss sich dabei auf neue Wege einlassen, Gewohntes loslassen, Argumente für Bewährtes und Unvorteilhaftes finden und abwägen.

➜

Aber diese Anstrengung lohnt sich in jedem Fall. Das Ergebnis ist eine theoretische Idealform des Gemeindehauses. Sie dient zu jedem Zeitpunkt der Planung als Richtlinie und ist das formulierte Ziel der Arbeit. So gibt sie allen Beteiligten Sicherheit, wenn Dinge abgewogen und entschieden werden müssen, und hilft immer, nicht den »roten Faden« zu verlieren und das Ziel im Auge zu behalten.

Sie hilft auch, einen Kostenrahmen für die Maßnahme festzulegen.

Da nicht alle Gemeindemitglieder an der Planung und Diskussion beteiligt sein können, haben wir sehr gute Erfahrungen mit der Bildung einer Projektgruppe, zusammengesetzt aus Vertretern aller Bereiche, gemacht. Als Planer nehmen wir gern an wichtigen Terminen dieser Projektgruppenberatungen teil, da uns dadurch Zusammenhänge und Wünsche deutlicher werden, da man Ideen und Anregungen bekommt und weil man als Außenstehender auch manchmal hilfreich hinterfragen und ausgleichend argumentieren kann.

Möbel, das richtige Maß an Mobilität und Flexibilität

Räume lassen sich leicht für verschiedene Nutzungen herrichten. Durch das Verrücken und Umstellen von Möbeln können schnell andere Raumsituationen geschaffen werden. Allerdings sind diese Möbel schneller von einem Gebrauchsverschleiß betroffen als nicht mobiles und unveränderbares Mobiliar.

Gerade bei diesen Möbeln sollte auf eine hohe Beanspruchbarkeit der Materialen und eine leichte sich selbst erklärende Bedienbarkeit geachtet werden. Ebenso müssen im Raum Ausweichflächen für überschüssiges Mobiliar, z. B. Stuhl- und Tischlager, vorhanden sein. Im Alltag schleicht sich schnell eine Routine ein, bei der das ständige Umherräumen von Möbeln als lästig und beschwerlich empfunden wird, so dass wir wirklich dazu raten, flexible Möbel nur im tatsächlich benötigtem Umfang einzusetzen und genau abzuwägen, wo sie gebraucht werden. Im Zuge der Planung neigen alle Beteiligten schnell dazu, sich möglichst viele Varianten und Flexibilität offen zu halten, um später mehrere Möglichkeiten der Nutzung zu haben.

Nebenräume und Stauflächen

Oftmals sind Abstellräume bei Bauherren nicht sehr beliebt, weil natürlich auch ihre Errichtung oder Instandsetzung und Unterhaltung Kosten verursachen, man sie aber eigentlich nicht als nutzbare Räume empfindet. Allerdings sind diese Flächen sehr hilfreiche Diener, die auf keinen Fall vernachlässigt werden dürfen bzw. zu klein dimensioniert werden sollten.

Abstellräume helfen, Ordnung zu halten, sie entlasten die Zimmer von unnötigem Ballast und schonen Arbeitsmittel und anderes Inventar. Damit sie auch wirklich genutzt werden, müssen sie günstig, kurzläufig und gut erreichbar angeordnet werden. Es sollten Regale und Schranksysteme eingebaut werden, die auf das zu lagernde Material abgestimmt sind.

Gerade bei Zimmern, die im Gemeindehaus abwechselnd von unterschiedlichen Arbeitskreisen genutzt werden, ist es wichtig, Bereiche anzubieten, in denen Bedarfs- und Bastelmaterial, Instrumente, Bücher usw. der einzelnen Gruppen untergebracht werden können, so dass sie keinen anderen stören bzw. den Platz rauben und bis zum nächsten Gebrauch geschützt gelagert sind.

Wie schon erwähnt, sind Stuhl- und Tischlager sehr wichtig, da diese auch zusammengeklappt und gestapelt sehr raumgreifend sind.

Nicht für alles sind separate Räume nötig. Gerade für Arbeitsmittel sind Einbauschränke mit verschließbaren Türen nützliche Stauräume, in denen alles griffbereit einsortiert bereitsteht.

Eingangsbereich und Flure

Der Eingangsbereich, oft als Foyer (großer Vorraum) ausgebildet, begrüßt die Besucher des Hauses und übermittelt den ersten Eindruck. Er sollte dem Eintretenden die Möglichkeit bieten, sich einen Überblick zu verschaffen und Orientierung zu geben. Hier muss man einmal kurz innehalten und durchatmen können. Er muss ausreichend Bewegungsfläche bieten, besonders wenn größere Menschengruppen gleichzeitig das Haus betreten bzw. verlassen.

Aus brandschutz- und fluchtwegetechnischen Gründen ist es meistens nicht möglich, hier Möbel aufzustellen. Bietet sich jedoch die Möglichkeit in einzelnen Bereichen, sind kleinere angeordnete Sitzgruppen oder Bänke nicht nur dekorativ, sondern wunderbare Plätze zum Verweilen und der Begegnung.

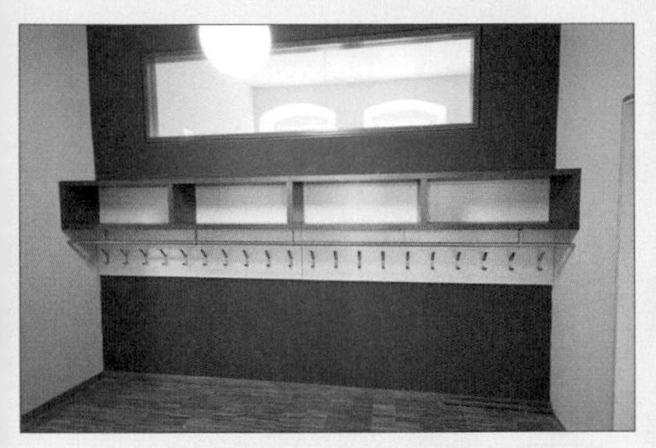

Bei größeren Gebäuden ist es ratsam, eine verständliche Gebäudebeschilderung gut sichtbar anzubringen.

Besonders gut sind diese Verkehrswege für die Anordnung von Informationsflächen für Aushänge, Infotafeln und Plakate. Hierbei erscheint es mir wichtig, diese Flächen an einigen Stellen im Haus zu konzentrieren. Eingerahmt oder mit einer Haftplatte als Untergrund betont, wirken diese »Zettel«-flächen ruhiger, dekorativ, und man kann verhindern, das im ganzen Haus verstreut Aushänge verteilt werden.

Die Gestaltung

Einer unserer wichtigsten Ansätze bei der Gestaltung eines vielseitig genutzten öffentlichen Hauses ist es, die unterschiedlichen Räumlichkeiten als eine Einheit wirken zu lassen, weil das den Nutzern des Hauses ebenfalls das Gefühl von Gemeinschaft und Zugehörigkeit suggeriert und die Kraft und Stärke der ganzen Institution spürbar macht.

Selbst wenn Zimmer unterschiedlicher nicht sein könnten, kann man sie durch die Wiederholung von Gestaltungselementen, wie bestimmten Materialien z. B. Wandfarbe, Bodenbelag, oder bestimmten Designelementen, wie z. B. eine einheitliche Möbellinie in allen Räumen, miteinander verbinden.

Durch die Vielseitigkeit eines kirchlichen Gemeindehauses werden manchmal die Räume so hergerichtet, dass sie universal, vielleicht sogar stimmungslos wirken. Aber sie sollen doch einen Rahmen für die jeweiligen Aktivitäten bilden. Der Rahmen sollte jedoch eine Atmosphäre erzeugen, die unterstützt und anregt.

So überzeugen wir gern zu eindeutigen, akzentreichen Gestaltungen, so dass Räume mit Charakter und Ausdruck entstehen, in denen der Raum eine Stimmung erzeugt, ob nun beruhigend und gemütlich oder frisch und aktiv oder einfach interessant und natürlich immer eingebunden in die Gesamtgestaltung.

Dies lässt sich besonders gut umsetzen in Häusern, bei denen es möglich ist, den einzelnen Zimmern differenzierte Funktionen zuzuordnen, wie z. B. Räume für die Kinder- und Jugendarbeit oder einen Musik- und Chorraum.

Was wir heute schaffen und gestalten, sollte immer die Sprache der heutigen Zeit gebrauchen. Also bitte keine Angst vor der zeitgemäßen Formensprache und modernen Materialien. Wenn auch die gegenwärtige Architektur mit reduzierten und schlichteren Gestaltungsmitteln arbeitet, müssen daraus nicht, wie ihr so oft nachgesagt wird, kühle und nüchterne Räume entstehen. Mit warmen Materialien und Farben schafft man Bereiche der Behaglichkeit, kalte und klare Baustoffe erzeugen eine entsprechend rational kühlere Stimmung.

Auch in der modernen Architektur sind alle Spielräume mit den Gestaltungselementen möglich, wobei die klareren Formen mehr Freiraum lassen und weniger ablenken. Die reduzierte Gestaltung konzentriert sich auf das Wesentliche.

Oft herrscht die Besorgnis, dass den älteren Gemeindemitgliedern eine moderne Architektur nicht gefallen könnte und dass sie sich dann mit dem Haus nicht mehr identifizieren. Dies kann ich aus unseren Erfahrungen überhaupt nicht bestätigen. Im Gegenteil, solche Veränderungen werden meistens als sehr positiv angenommen und die alte Ausstattung wird im Rückblick kritisch beurteilt.

Das Ergebnis

Wir empfinden unsere Arbeit als gelungen, wenn alle Besucher aus den verschiedensten Altersgruppen und mit den unterschiedlichsten Anliegen sich im Haus wohlfühlen und es ihren Ansprüchen gerecht wird.

Dann ist es ein Haus für alle geworden.

Stefan Schmidt
ist Innenarchitekt
in Leinefelde-Worbis.
www.inarte.de

VIELFALT ERLEBEN

Unterschiedlichkeit der Lebenslagen und Inklusion in der kirchlichen Praxis

Jörg Stoffregen

Zur Unterschiedlichkeit der Lebenslagen

Menschen in unterschiedlichen Lebenslagen begegnen mir an ganz verschiedenen Stellen. Sei es im Bus oder in der S-Bahn auf dem Weg zu meinem Arbeitsplatz, in meiner Nachbarschaft, meinem Wohnquartier, beim Elternabend in der Schulklasse meines Sohnes oder in der Kirchengemeinde.

Ich denke an den älteren Herrn, der immer zum Sonntagscafé der Kirchengemeinde gegangen ist. Jetzt kann er den Weg aus seiner Wohnung mit den fünf Treppenstufen nicht mehr alleine schaffen, traut sich nicht, jemanden anzusprechen, und bleibt zuhause.

Ich denke an den Pendler, der morgens um 7 Uhr zur Arbeit fährt und in der Regel abends nicht vor 20 Uhr zuhause ist, oder an die alleinerziehende Mutter, die ihrem Sohn gerne die Ferienfreizeit der Evangelischen Jugend ermöglichen würde.

Einige Beispiele aus dem Alltag – jede/r könnte noch weitere anfügen. Lebenslagen werden durch unterschiedliche Faktoren begründet. Dazu zählen objektive Faktoren wie das Einkommen, die Wohnsituation, die Gesundheit oder auch das Bildungs- und Freizeitangebot der Region und ggf. der Zugang zu diesen Angeboten.

Neben den objektiven Faktoren spielen auch subjektive Faktoren eine Rolle, wie z. B. Deutungs- und Verarbeitungsmuster, Wahrnehmungen und Wertmaßstäbe. Manche Faktoren kann ich beeinflussen, auf andere habe ich als einzelner Mensch keinen Einfluss. Die Gestaltung meines Lebensraumes und die Haltung der Menschen in meinem Umfeld bestimmen meine Lebenslage mit.

Unsere Lebensräume werden durch immer differenziertere Lebenslagen bestimmt. Es gibt nicht *die* Alten, *die* Jugendlichen, *die* Kinder oder *die* Arbeitslosen. Es gibt keinen Standard, es gilt die Unterschiedlichkeit bzw. Individualität von Lebenslagen wahrzunehmen.

»Inklusion, die Kunst des Zusammenlebens von sehr verschiedenen Menschen.«
(EKIR 2013, 8)

»Wir leben in einer pluralistischen Gesellschaft, in der Menschen mit und ohne Behinderungen, alte und junge Menschen, mit oder ohne Migrationshintergrund gemeinsam Lebensräume nutzen und gestalten. Ein solidarisches Miteinander, in dem jede/r sein Leben individuell und selbstbestimmt in jeder Lebensphase – mal jung, mal alt, mal mit mehr Einschränkungen, mal mit weniger – gestalten kann, setzt gegenseitige Wertschätzung und die Erkenntnis voraus, dass sich jede/r gewinnbringend in die Gemeinschaft einbringen kann.« (DV 2011)

Aus der dargestellten Unterschiedlichkeit und Vielfalt der Lebenslagen und dem Zusammenleben in gemeinsamen Lebensräumen ergibt sich die Frage, wie wir Lebensräume gestalten können, die der Unterschiedlichkeit und Vielfalt der Lebenslagen gerecht werden.

Die Gestaltung menschengerechter Lebensräume gelingt nur, wenn sich die Menschen mit ihren unterschiedlichen Lebenslagen und damit verbundenen vielfältigen Fähigkeiten und Erfahrungen in die Gestaltung einbringen können. Dies ist ein Ziel von Inklusion.

»Gelingt Inklusion nicht, sind Vernachlässigungen und Ausgrenzungen zu befürchten. Reparaturarbeiten zum Aufholen missglückter Inklusion sind aufwendig und ggf. kostspielig. Gelingt Inklusion, wird die Gesellschaft durch ihre Vielfalt bereichert, besteht weniger Anpassungsdruck für jede/n und wird Solidarität gelebt.« *(DV 2011)*

© Bernd Heinze - fotolia

Inklusion lenkt damit den Blick auf unser Zusammenleben und auf das, was unser Zusammenleben in unterschiedlichen Lebenslagen behindert. Oder als Frage: Wie kann Zusammenleben angesichts sehr verschiedener Lebenslagen gelingen? (Vgl. EKiR 2013, 8) Der Blick richtet sich damit auf die Gestaltung der unterschiedlichen Lebensräume und darauf, wie sie volle Teilhabe für alle ermöglichen oder durch vorhandene Barrieren unmöglich machen.

Inklusion in der kirchlichen Praxis

Inklusion bedeutet zunächst die gleichwertige Wahrnehmung und Wertschätzung kirchlicher Praxis in ihrer Unterschiedlichkeit und Vielfalt. Die Vielfalt der Lebenslagen braucht die Vielfalt kirchlicher Arbeit. Im Anschluss an Uta Pohl-Patalong (vgl. Pohl-Patalong 2004, 128 ff.) spreche ich daher im Folgenden von kirchlichen Orten, die alle miteinander ein Netzwerk bilden, in dem vielfältig die ›Kommunikation des Evangeliums‹ geschieht.

Die kirchlichen Orte mit ihren Angeboten beziehen sich dabei zum einen auf bestimmte Lebenslagen bzw. Lebenskontexte wie z. B. Krankheit, Arbeit, Familie, Frauen oder aber auf einen Lebensraum, in dem Menschen in ganz unterschiedlichen Lebenslagen zusammenleben.

Für kirchliche Orte stellt sich die Frage, wie die Menschen in ihrer Vielfalt die Botschaft von der Menschenfreundlichkeit Gottes erfahren können. Wie kann kirchliche Praxis Menschen befähigen, Vielfalt und Unterschiede als etwas Bereicherndes zu erleben, Teilhabe und Teilgabe für Menschen in unterschiedlichen Lebenslagen zu ermöglichen und ein inklusives Gemeinwesen mitzugestalten? Diese Frage stellt sich auch im Blick auf die Ortsgemeinde als eine wichtige sozialräumliche Gestalt, die einen Lebensraum umfasst, in dem es besonders um das Zusammenleben von Menschen in unterschiedlichen Lebenslagen geht.

Inklusion in der kirchlichen Praxis ist ein ständiger Prozess, in dem es nicht darum geht, weitere Projekte zu kreieren oder besondere Aktionen zu starten, sondern in dem es um die Betrachtung meiner eigenen Haltung und unserer täglichen Arbeit geht. »Für eine inklusive kirchengemeindliche Praxis braucht es weder neue Gemeindegruppen noch besondere Veranstaltungen oder spezielle Berufsbilder. Vielmehr geht es darum Inklusion als eine durchgängige Perspektive der gesamten Arbeit umzusetzen.« (Liedke 2013, 46) Es geht um die Gestaltung einer inklusiven Gemeindekultur, die Begegnung, gegenseitige Wahrnehmung und Wertschätzung von Menschen in unterschiedlichen Lebenslagen ermöglicht.

Dazu gehören auch Begegnungen mit Menschen, die mir fremd sind und mir in meiner Gemeinde nicht begegnen. Solche Begegnungen ermöglichen es, die eigene Praxis in der Perspektive unterschiedlicher Lebenslagen wahrzunehmen, z. B. mit den Fragen »Wo und wodurch grenzen wir Menschen in unserer Arbeit aus?« oder »Können sich alle Menschen gleichermaßen willkommen fühlen?« Das kann auch bedeuten, z. B. den eigenen Gottesdienst oder den Seniorennachmittag einmal aus der Perspektive blinder oder sehbehinderter Menschen zu betrachten.

Begegnung auf Augenhöhe bedeutet dann: Ich begegne immer zuerst dem Menschen als Gegenüber mit interessanten Fähigkeiten und Erfahrungen. Diese Begegnung ermöglicht uns, ein Bewusstsein zu entwickeln für die vielfältigen Barrieren in unseren Köpfen und in unserem Alltag. Inklusive kirchliche Praxis bedeutet, Barrieren wahrzunehmen und abzubauen, die dazu führen, dass nicht alle an kirch- ➜

licher Praxis teilnehmen, nicht alle teilnehmen können oder auch nicht mehr teilnehmen wollen. Das können räumliche oder sprachliche Barrieren sein, aber auch Barrieren in spiritueller oder theologischer Hinsicht. Dies gilt es zunächst wahrzunehmen und zu verändern. Dabei kommen ggf. neue Barrieren in den Blick.

Inklusion in der kirchlichen Praxis bedeutet die Wahrnehmung der Vielfalt der Lebenslagen mit ihren unterschiedlichen Fähigkeiten und Bedürfnissen, indem wir aktiv auf Menschen zugehen.

Kirchliche Orte im Netzwerk mit anderen im Gemeinwesen

Die Wahrnehmung unterschiedlicher Lebenslagen geschieht auch durch Netzwerkbildung. Gelingende Inklusion erfordert die Entgrenzung der eigenen Organisation und den Blick über den eigenen Tellerrand. Neben der Wahrnehmung unterschiedlicher Lebenslagen können wir unterschiedliche Fachlichkeiten zusammenbringen. Durch eine verlässliche Vernetzung können Netzwerkpartner die unterschiedlichen Perspektiven in die eigene Arbeit einbeziehen. Für Kirchengemeinden als sozialräumliche und generationsübergreifende Akteure ergibt sich eine wichtige Rolle in der Vernetzung der unterschiedlichen Akteure. Sie sind oft die Einzigen, die eine übergreifende Perspektive haben bzw. nicht durch eine besondere Hilfefeldperspektive ›belastet‹ sind.

»Ich möchte kein Projekt sein« oder: Eine andere diakonische Perspektive entwickeln

In einem Gespräch mit einer Rollstuhlfahrerin über ihre Erwartungen im Hinblick auf volle Teilhabe in Kirchengemeinden sagte sie mir ganz spontan: »Volle Teilhabe bedeutet für mich zunächst, dass ich nicht immer ein Projekt sein möchte!« Menschen in unterschiedlichen Lebenslagen werden häufig über ihren Unterstützungsbedarf bzw. ihr Defizit wahrgenommen.

Inklusion bedeutet hier ein Perspektivenwechsel. Es geht nicht um die Frage, was wir als Gemeinde für den Erwerbslosen, den Rollstuhlfahrer oder die Alleinerziehende tun können, sondern, was er als Mitglied der Gemeinde in die Gemeinschaft einbringen kann. Dazu gehört die Stärkung der Selbstbestimmung und der Selbsthilfekräfte Einzelner und die Gestaltung einer Kultur der wechselseitigen Befähigung in der Gemeinde.

Kirchliche Orte als Ermöglichungsräume für Teilhabe und Teilgabe

Kirchliche Orte bieten Raum, der es Menschen ermöglicht, ihre unterschiedlichen Fähigkeiten und Fertigkeiten in die Gemeinschaft einzubringen. Ermöglichung bedeutet in diesem Zusammenhang einen hohen Grad an Beteiligung und die Möglichkeit des Einbringens und der Realisierung eigener Ideen für das gelingende Miteinander. Nur so können Selbstwert und Engagement gestärkt werden.

Für beruflich in der Kirche Tätige bedeutet dieses ein neues Rollenverständnis. Ich muss mich mehr als Ermöglicher denn als Anbieter und Macher verstehen. Ich eröffne Räume, die es Menschen in unterschiedlichen Lebenslagen ermöglichen, sich wertschätzend zu begegnen und eigene Ideen und Wünsche für das Leben und das Miteinander zu gestalten.

Kirchliche Orte zum Aufbau von tragfähigen und hilfreichen Beziehungen

Inklusive kirchliche Praxis bedeutet, dass der Aufbau von tragfähigen und hilfreichen Beziehungen ermöglicht und gefördert wird. Ein inklusives Gemeinwesen versteht sich als eine füreinander sorgende Gemeinschaft. Das bedeutet eine Kultur der Nachbarschaft und der Gemeinde, die füreinander hilfreich ist im besten Sinne des Wortes.

Kirchengemeinden können hier wichtige Orte sein, von denen Impulse für eine generationenübergreifende und lebenslagenübergreifende Kultur des Miteinanders und Füreinanders im Lebensraum ausgehen.

Inklusion in der kirchlichen Praxis bedeutet insgesamt einen ständigen Prozess der Wahrnehmung der eigenen Haltung und der Praxis am gegebenen Ort. Inklusion beginnt so häufig in den kleinen Dingen. Der Schlüssel liegt im Interesse und in der Begegnung mit unterschiedlichen Menschen.

Inklusion heißt: einfach machen!

Evangelische Kirche im Rheinland (Hrsg.) (2013): Da kann ja jede(r) kommen – Inklusion und kirchliche Praxis. Eine Orientierungshilfe der Evangelischen Kirche im Rheinland, herausgegeben von der Abteilung Bildung im Landeskirchenamt und dem Pädagogisch-Theologischen Institut der EKiR. http://www.ekir.de/pti/Downloads/Da-kann-ja-jeder-kommen.pdf

Deutscher Verein (2011): Eckpunkte des Deutschen Vereins für einen inklusiven Sozialraum, DV35/11 AF IV; 7. Dezember 2011.

Liedke, Ulrich (2013): Inklusion in theologischer Perspektive, in R. Kunz/U. Liedke (Hrsg.): Handbuch Inklusion in der Kirchengemeinde. Göttingen 2013.

Pohl-Patalong, Uta (2004): Von der Ortskirche zu kirchlichen Orten. Ein Zukunftsmodell, Göttingen.

Diakon Jörg Stoffregen, Diplom-Religionspädagoge und -Diakoniewissenschaftler, arbeitet im Netzwerk »Kirche inklusiv« der Nordkirche in Hamburg.

Ich bin der Weg, die Wahrheit und das Leben; niemand kommt zum Vater, denn durch mich.
Joh 14,6

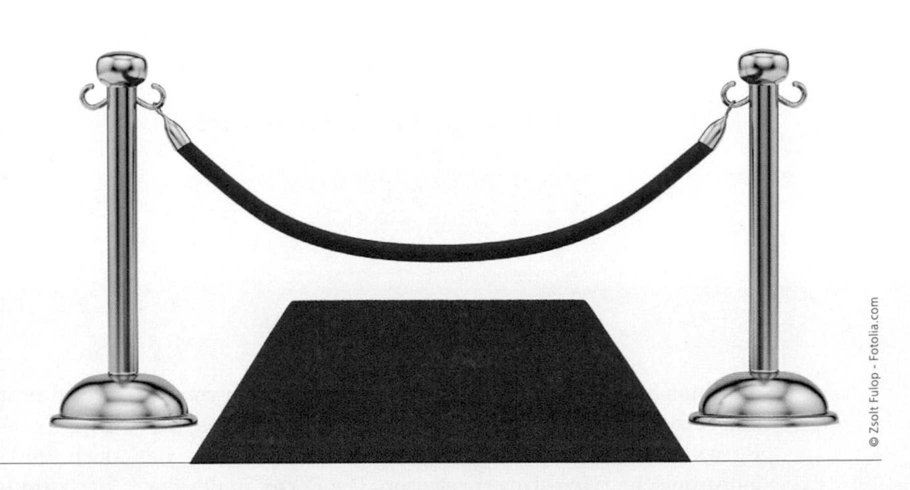
© Zsolt Fulop - Fotolia.com

Eine intolerante Anmaßung?

Martin Hüneburg

Dieses Jesuswort aus dem Johannesevangelium gehörte traditionell nicht nur zu den – in alten Bibelausgaben fettgedruckten – biblischen Kernstellen, sondern galt darüber hinaus geradezu als klassischer Beleg für die Überlegenheit des christlichen Glaubens. Deshalb ist es in der gegenwärtigen Situation zum Problem geworden. Dabei wirken sicher mehrere Gründe zusammen, die von einer kritischen Betrachtung seiner Wirkungsgeschichte bis zur postmodernen Dekonstruktion des Einheitsdenkens reichen.

In der Begegnung mit anderen Religionen oder Weltanschauungen und dem Ernstnehmen ihrer Erfahrungen erscheint ein solcher Anspruch heute als naiv oder anmaßend und einem Dialog ›auf Augenhöhe‹ hinderlich. Zahlreiche Zeitgenossen fühlen sich von der Behauptung, unverrückbare und anderes ausschließende Wahrheiten zu besitzen, eher abgestoßen und sind geneigt, sie unter der Rubrik Fundamentalismus zu verbuchen. Gegen derartige Ansprüche richtet sich dann die Forderung nach Toleranz als Weg, in einer immer pluralistischer werdenden Gesellschaft deren inneren Zusammenhalt zu sichern und zu gestalten.

Was aber ist mit Toleranz gemeint? Versteht man sie – wie dies heute häufig geschieht – im Sinne einer etwas platten Auslegung der Lessingschen Ringparabel, so wird die Frage nach der Wahrheit von vornherein suspendiert. Da es nur individuelle Wahrheiten oder bestenfalls perspektivische Zugänge zu einer Wahrheit gibt, muss jeder Anspruch durch die dadurch initiierte Moralität erwiesen werden. Auch verschiedene Entwürfe gegenwärtiger Theologie nehmen diesen Gedanken auf. Kriterium ist so letztlich »das wahrhaft Menschliche« (so der Ansatz im Projekt Weltethos von Hans Küng. Vgl. auch die Vorstellung einer verborgenen Menschheitsreligion bei Jan Assmann) oder schlicht die gesellschaftliche Nützlichkeit. Dann muss aber ein Anspruch wie der hier erhobene zu einer Provokation werden. Führt die Selbstaussage des johanneischen Jesus also zwangsläufig zur Intoleranz?

Methodische Vorbemerkung

Um diese Frage beantworten zu können, darf Joh 14,6 nicht isoliert, sondern im Kontext als Teil einer Erzählung betrachtet werden. Zwar ist es in der Johannesexegese nach wie vor höchst umstritten, ob es sich bei dem Evangelium um ein einheitliches oder ein in mehreren Schichten und Redaktionsstufen entstandenes Werk handelt und ob es die Kenntnis eines oder mehrerer synoptischer Evangelien voraussetzt. Aber auch wenn der Verfasser des vorliegenden Textes Traditionen verarbeitet, zeigt sich, dass er eine theologisch reflektierte Deutung Jesu zum Ausdruck bringen will, indem er eine Geschichte erzählt.

Bei diesem Erzählen nimmt der Autor eine nachösterliche Perspektive ein, die er im Unterschied zu den anderen Evangelisten auch ausdrücklich nennt. So weist er mehrfach (2,22; 12,16; 13,7; 20,9) darauf hin, dass das richtige Verstehen des von ihm geschilderten Geschehens nicht auf der Ebene der erzählten Zeit erfolgen kann, sonder erst nach die Erfahrung der Auferstehung/Verherrlichung Jesu möglich sein wird. Die Einsicht in den Zeitabstand von Erzählzeit und erzählter Zeit gilt nicht nur für die Stellen, an denen sie thematisiert wird, sondern für das gesamte Werk. Diese Erzählstrategie ist zugleich Ausdruck des theologischen Programms, denn der nachösterliche Rückblick →

auf das Geschehen geschieht unter Leitung des von Jesus selbst angekündigten und gesendeten Geistes, des Parakleten (14,26 u.ö.). Sein Wirken legitimiert so die johanneische (Neu-)Interpretation. Die Form, in der der Evangelist das Jesusgeschehen für seine Gemeinde neu erschließt, muss deshalb auch bei der Auslegung ernst genommen werden.

Joh 14,6 im narrativen Kontext

Die Aussage Jesu soll Antwort geben auf die Frage des Thomas: Herr, wir wissen nicht, wohin du gehst. Wie können wir den Weg wissen? Dieser kurze Dialog ist Teil einer weitausgreifenden Szene. Jesus hat sich mit seinen Jüngern aus der Öffentlichkeit zurückgezogen. Der Leser erfährt aus dem Munde des Verfassers, dass Jesu ›Stunde‹ nun gekommen sei (13,1). Mit dem Ausdruck »seine Stunde« wird ein Motiv aufgenommen, das bereits in 2,4; 7,30 und 8,20 begegnete. Geradezu stereotyp war dort die Rede davon, dass diese ›Stunde‹ noch nicht gekommen sei. Jetzt wird auch gesagt, worin ihr Inhalt besteht: Es ist die Rückkehr Jesu zum Vater. Der Abschied steht also unabänderlich bevor, eine unmittelbare Nachfolge wird nicht mehr möglich sein. Eingeleitet wird der Abschied durch ein gemeinsames Mahl, dem ein besonderer Dienst Jesu an seinen Jüngern – die Fußwaschung – vorangeht. Bei diesem Mahl kennzeichnet Jesus Judas als den Verräter und fordert ihn auf: Was du tun willst, das tue rasch (13,27). Dies weist voraus auf die Gefangennahme im Garten am Bach Kidron (18,1–13a). Der so geschaffene Rahmen wird nun ausgefüllt durch Gespräche (13,31–16,33), die in das Gebet Jesu für die Seinen (17,1–26) münden. Die gesamte Gestaltung soll also auf die Erschütterung (14,1.27) reagieren, die durch die Frage ausgelöst wird, was die Abwesenheit Jesu für die Jünger und – bei Berücksichtigung der nachösterlichen Perspektive – für die Kirche bedeutet und wie es möglich ist, die Verbindung zu ihrem Herrn festzuhalten.

Den Sinn seines Weggehens beschreibt Jesus damit, dass er im Hause seines Vaters die Wohnung für seine Jünger bereiten will, um sie bei seiner Wiederkunft zu sich zu ziehen. Ziel ist also das zukünftige Heil in Form der Gemeinschaft mit Jesus beim Vater. Die Formulierung in 14,2b: »… hätte ich dann zu euch gesagt: Ich gehe hin, euch die Stätte zu bereiten?« behauptet, dies sei den Jüngern bereits bekannt. Eine solche Aussage findet sich zwar nicht wörtlich, lässt sich aber durchaus auf Stellen wie 12,26 oder 12,32 beziehen. So jedenfalls wird eine Verbindung zur vorangegangenen Verkündigung Jesu hergestellt.

Der damit eingeleitete Gesprächsgang weist dann allerdings eine Reihe von Spannungen auf. Aus V. 3 ergibt sich die Vorstellung, dass Jesus einen Weg gehen wird, der zum Vater führt. In V. 6 ist aber Jesus selbst dieser Weg. Diese Verschiebung bereitet sich in V. 4 vor, wenn in syntaktisch schwieriger Weise Ziel und Mittel miteinander verbunden werden: »Wohin ich gehe – ihr kennt den Weg.« Diese im Kontext auch inhaltlich überraschende Behauptung fordert deshalb die Frage des Thomas geradezu heraus. »Herr, wir wissen nicht, wo du hingehst; wie können wir den Weg wissen?« Auch die Frage gilt nicht nur dem Weg, sondern sie nimmt die doppelte Richtung ebenfalls auf. Das verwundert insofern, als ja in 14,2 f., das Wohin des Weges Jesu bereits genannt worden war.

Ähnlich hatte auch Petrus schon 13,36 gefragt, nachdem Jesus von seinem Weggehen gesprochen hatte. Dass die Frage trotz der Auskunft von 14,2 f. jetzt wiederholt wird, macht deutlich, dass die beabsichtigte Erkenntnis bisher noch nicht erreicht worden ist, sondern ihr Ziel erst in dem Ich-bin-Wort findet. Hier zeigt sich eine für den Evangelisten typische Darstellungsweise: die Gestaltung von Missverständnissen und deren Auflösung. Eine Handlung oder ein Wort Jesu wird in einer vordergründigen, missverstehenden Weise aufgenommen, die Jesus zu weiteren Klarstellungen zwingt. Mit diesem Stilmittel kann der Verfasser einen Spannungsbogen aufbauen, der den Leser den Weg zu einer vertieften Einsicht öffnet. Worin besteht nun diese vertiefte Einsicht?

Zur Auslegung von Joh 14,6

Im Unterschied zu den anderen Ich-bin-Worten erfolgt hier die Selbstidentifikation in einer dreifachen Weise. Neben dem Konkretum ›Weg‹ werden die beiden Abstrakta ›Wahrheit‹ und ›Leben‹ genannt. Bereits in 11,25 wurde das die Erweckung des Lazarus aufnehmende Stichwort ›Auferstehung‹ durch eine zweite Prädikation, den Begriff Leben, weiter ausgeführt. Auch hier besteht eine unmittelbare Anknüpfung zunächst nur zum Stichwort Weg. Daraus erhellt sich, dass ›Weg‹ das eigentliche Bildwort ist, das durch die beiden anderen Prädikationen entfaltet wird. Jesus ist demnach der Weg, indem oder weil er Wahrheit und Leben ist. Die breite metaphorische Verwendung des Weg-Motives spricht dafür, dass in der Frage nach dem Weg Jesu auch die Frage nach dem Lebensweg des Menschen anklingt. Dafür, dass mit Weg hier speziell auf die Tora als Heilsweg angespielt und ein Gegenentwurf dazu erstellt werden soll (so Klaus Wengst in seinem Kommentar), liefert der Kontext keine Hinweise.

Mit ›Wahrheit‹ und ›Leben‹ werden zwei für die Theologie des Evangeliums konstitutive Begriffe aufgenommen. Wahrheit bezeichnet nicht etwa die Übereinstimmung von Aussage und Sachverhalt, sondern steht für Wahrhaftigkeit, Aufrichtigkeit, Treue und Zuverlässigkeit. Im johanneischen Verständnis zeigt sich Gott als der in diesem Sinne Wahre gerade in der Sendung Jesu (1,14.17). Leben ist im Johannesevangelium Bezeichnung des von Gott gegebenen Heils schlechthin und tritt an die Stelle, an der bei den Synoptikern vom Reich Gottes die Rede ist (3,16.36: 10,10; 20,31). Beide Begriffe sind also ursprünglich Gottesprädikate, die hier auf Jesus übertragen werden.

Die Voraussetzung für diese Identifikation wird in der Weiterführung unseres Wortes deutlich gemacht und in der folgenden Frage des Philippus noch einmal – wieder im Stil des Missverständnisses – aufgenommen: Wer Jesus sieht und erkennt, sieht und erkennt den Vater. In immer neuen Variationen klingt diese christologische Grundposition des Evangeliums auf. Ihren besonderen Ausdruck findet sie in den sog. reziproken Immanenzformeln: Ich im Vater, der Vater in mir (14,1 f. u. ö.). Gott, der Vater, und Jesus, der von ihm gesandte Sohn, legen sich gegenseitig aus. So findet sich an zentraler Stelle die Aussage: Ich und der Vater sind eins (10,30). Einheit wird dabei nicht als Identität, sondern als vollkommene Gemeinschaft der Liebe verstanden. So kann dann in 3,16 die Sendung des Sohnes als Ausdruck der Liebe Gottes beschrieben werden (vgl. auch 1Joh 4,7–16). Jesus ist insofern der einzige Weg. Der Weg der Seinen kann dann nur darin bestehen, in ihm zu bleiben (15,1-8). Der Rückbezug auf die Geschichte Jesu unter Leitung des Parakleten eröffnet dazu die Möglichkeit. Johannes bindet damit das Verständnis Gottes und Jesu in einer unauflöslichen Weise aneinander. So bringt er die Einsicht, dass Gott sich in der Person des Juden Jesus von Nazareth geschichtlich offenbart hat, in einer bisher nicht dagewesenen Radikalität zum Ausdruck.

... und der Exklusivitätsanspruch?

Die Selbstidentifikation ist hier – wiederum im Unterschied zu den anderen Ich-bin-Worten – nicht verbunden mit einer Einladung, sondern mit der negativ konzessiven Aussage: »niemand kommt zum Vater, denn durch mich.« Damit wird tatsächlich ein Anspruch auf unüberbietbare Exklusivität erhoben. Dieser ist jedoch völlig anders gerichtet, als ihn die klassische Rede von der Absolutheit des Christentums verstanden hat.

Die Aussage Jesu wird vom Evangelisten nicht im Sinne einer Konfrontation eingesetzt. Möglicherweise hat dieses Wort als selbständige Überlieferung einmal eine solche Zielrichtung gehabt. Umso bemerkenswerter ist es, dass der Kontext gerade hier die Auseinandersetzung mit konkurrierenden Ansprüchen nicht thematisiert. Es geht allein um die Frage, wie Nachfolge angesichts des Abschiedes Jesu möglich sein kann.
Dabei wird nicht etwa ein abstrakter Wahrheitsanspruch für ein bestimmtes Glaubensverständnis erhoben. Weg, Wahrheit und Leben bleiben vielmehr exklusiv gebunden an die Person Jesu. Damit aber gewinnt das Jesuswort sowohl den Charakter einer Zusage an die Gemeinde als auch eine (selbst-)kritische Funktion.

Diese Exklusivität des Offenbarungsanspruches Jesu führt in johanneischer Sicht nicht in die Partikularität einer isolierten Sondergruppe. Der Sprecher von 14,6 ist zugleich der menschgewordene Logos, der als Schöpfungsmittler wirkt (1,1–3) und dessen Sendung der ganzen Welt gilt. Ihr gegenüber sind keine Ansprüche durchzusetzen, sondern die Offenbarung Gottes in der Person Jesu ist zu bezeugen. Der Zugang zum Glauben geschieht durch das Wirken Gottes selbst (6,44).

Diese in 14,6 in besonderer Zuspitzung zum Ausdruck gebrachte Einsicht liegt zwar im Johannesevangelium in besonderer Prägnanz entfaltet vor. Gleichwohl handelt es sich um die christliche Grundeinsicht, die nicht relativiert werden kann – gerade dann nicht, wenn es um einen übergreifenden Dialog im Rahmen einer pluralen Welt geht. Sie ist vielmehr als eigene Position zu vertreten und dem Gesprächspartner als fremde Position zuzumuten. Das Respektieren der Alterität des Anderen schließt die eigene Position mit ihrem Anspruch nicht aus, sondern gerade ein. Jedem Dialog wäre sonst der Ernst genommen, weil man sich letztlich nichts zu sagen hätte. Erst auf der Basis akzeptierter Andersartigkeit kann dann eine Verständigung über Gemeinsamkeiten sinnvoll erfolgen.

Dr. Martin Hüneburg ist wissenschaftlicher Mitarbeiter im Institut für Neutestamentliche Wissenschaft der Universität Leipzig.

JEDER MENSCH BILDET AUFGRUND SEINER SOZIALEN HERKUNFT, SEINES GENETISCHEN ERBES UND SEINER EINZIGARTIGEN ERFAHRUNGEN SEINE WIRKLICHKEIT. DIESE WIRKLICHKEIT IST FÜR JEDEN EINZELNEN GÜLTIG, ABER ES GIBT NICHT DIE EINE WIRKLICHKEIT, MAG ES AUCH EINE WAHRHEIT GEBEN. UNSERE WIRKLICHKEITSKONSTRUKTIONEN SIND FOLGLICH HÖCHST UNTERSCHIEDLICH UND GLEICHGÜLTIG. NUN FÜHRT DIESE GLEICHGÜLTIGKEIT IDEALERWEISE NICHT ZU EINER EGAL-HALTUNG ODER EINER HALTUNG DES DESINTERESSES, DES LIEBLOSEN NEBENEINANDERS. VIELMEHR SOLLTE SIE DIALOGE ENTFACHEN UND EINE LUST AN AUSEINANDERSETZUNGEN MIT ANDEREN MENSCHEN HERVORRUFEN. DIE GRUNDHALTUNG IST DIE DES STAUNENS: »ACH, SO BIST DU, SO DENKST DU; ICH WILL MEHR WISSEN UND LERNEN VON DIR!«

IM FOLGENDEN BEITRAG FORMULIERE ICH EINIGE GEDANKEN ZUM THEMA UNTERSCHEIDUNGEN, WEIL SIE AUS MEINER SICHT EINE GRUNDLEGENDE ANTHROPOLOGISCHE, WISSENSCHAFTLICHE UND PÄDAGOGISCHE BEDEUTUNG HABEN. UNTERSCHEIDUNGEN SIND UNABDINGBAR, DENN WIR MENSCHEN KÖNNEN NICHT OHNE UNTERSCHEIDUNGEN LEBEN.

© mdworschak – Fotolia.com

UNTERSCHEIDUNGEN

Anthropologische Skizzen zu etwas Unabdingbarem

Dieter Lotz

UNTERSCHEIDUNGEN SIND DIE VORAUSSETZUNG FÜR ENTSCHEIDUNGEN

Wer seine Entscheidungen »qualitativ hochwertig« treffen will, braucht zuvor Entscheidungs*prämissen*, also Unterscheidungen. Es wäre unsinnig, ein neugeborenes Kind zu fragen: »Willst Du lieber Muttermilch oder Babynahrung?«

Obwohl schon Embryos Unterschiede wahrnehmen können, erfolgen *bewusste* Unterscheidungen erst nach der Geburt im Laufe der Entwicklung.

Erwachsene müssen also zunächst für das Kind Entscheidungen treffen. Aber zunehmend treffen die Kinder selber Entscheidungen. Die Eltern sollten sensibel dafür sein, Mitentscheidungen ihrer Kinder zuzulassen, sobald sie Unterscheidungskompetenzen erwerben. Das sind Transitionen, also Übergänge von der Fremdverantwortung der Eltern zur Mitverantwortung und schließlich zur Selbstverantwortung ihrer Kinder. Dieser Entwicklungsprozess bedeutet eine totale Umkehrung (Metamorphose) von einem absoluten Angewiesensein als neugeborener Mensch bis über die Krise der Pubertät hin zum Erwachsenen in Selbstverantwortung. Ein nachdenkenswertes Sprichwort lautet »Erwachsen bist du dann, wenn du niemanden mehr verantwortlich machst!«.

Was sind »qualitativ hochwertige« Entscheidungen? Zunächst einmal haben wir quantitativ argumentiert. Je größer die Zahl der Unterscheidungs- oder Wahloptionen, desto ...? Desto besser fühlen wir uns? Desto fundierter können wir unsere Entscheidungen treffen? Offenbar reicht uns die Unterscheidungsmenge nicht aus, wir versehen unsere Auswahlmöglichkeiten auch mit qualitativen Attributen. Viele solcher Zuschreibungen sind ästhetischer Natur (dieses Kleidungsstück finden wir schöner als andere) oder lustvoller Natur (dieses Getränk mögen wir lieber als andere). Unsere Entscheidungen werden also wesentlich beeinflusst von Vorerfahrungen, Vorurteilen, Vorlieben und Abneigungen, aber auch von Intuitionen. Und über all das tauschen wir uns mit Anderen aus, wir lassen uns beraten und hören uns Vorschläge an – ein hochkomplexer Unterscheidungsprozess, der unsere Entscheidungen beeinflusst!

Und nun entdecken wir ein neuzeitliches Problem. Es kreist um das Schlagwort Maybe-Generation. Am 23.3.2012 titelte *Die Welt*: »Generation Maybe hat sich im Entweder-oder verrannt« (http://www.welt.de/13939962). Dort heißt es: »Wir 20- bis 30-Jährigen sind eine Generation ohne Eigenschaften. Gut ausgebildet, aber ohne Plan, ohne Mut, ohne Biss. Weil alles möglich ist, sind alle heillos überfordert.« Es scheint so, dass gerade die unüberschaubare Vielzahl von Optionen Entscheidungen vereiteln können. Dieser Zeitgeist findet sich meines Erachtens vor allem in Wohlstandsgesellschaften und quer durch alle Generationen. Wir haben beispielsweise derart viel Lesestoff durch Zeitschriften, Bücher und vor allem durchs Internet, dass wir uns schon von der Fülle des jeweils Interessanten wie erschlagen fühlen. Wir wissen gar nicht mehr, was wir zuerst lesen sollen, und wir schlingern durch Zufälligkeiten in eine mehr oder weniger beliebige Auswahl hinein, und erleben aufgrund zunehmender Unüberschaubarkeiten eine oft beunruhigende Orientierungslosigkeit. Übrigens betrifft diese bedrohlich-faszinierende Vielzahl nicht bloß das Lesen, sondern auch Filme, E-Mails sowie Aktivitätsmöglichkeiten im Freizeit-, Konsum- und Kulturbereich. Ich erlebe Entscheidungszwänge, die mich zu Fluchtgedanken ver- ➜

leiten: zum Rückzug, zum Konsumverzicht, zur Stille, zur Besinnung – kurz: zum kläglichen Versuch, Vielfalt zu reduzieren.

Diesen Zeitgeist hat die Zigarettenfirma Philip Morris offenbar erkannt und eine riesige Marlboro-Werbekampagne gestartet, die bis heute etwa an Litfaßsäulen zu sehen ist. Sie hat den Slogan »Don't be a maybe!«. Und sie beinhaltet den Imperativ »Be Marlboro«! Sei nicht unentschlossen, entscheide dich, eben für Marlboro! Aber auch die Fitnessstudiokette McFit wirbt mit dem Satz »Der Wille in dir«. Zielgruppe dieser Werbekampagnen sind die Unentschiedenen, Unentschlossenen; all die willensschwachen und labilen Maybes. Und wer Marlboro raucht und zu McFit geht, der beweist allein schon deshalb seine Entscheidungsfähigkeit. Diese Firmen haben aus meiner Sicht den Zeitgeist zwar richtig erkannt, ihn aber für ihre fragwürdigen Zwecke missbraucht.

ZUM URSPRUNG, ZUM PARADIES, ZUM BAUM DER ERKENNTNIS

Vor einiger Zeit habe ich mir in der Akademie der bildenden Künste in Wien das Weltgerichtstriptychon von Hieronymus Bosch angesehen, das zwischen 1485 und 1505 entstanden ist. Im krassen Gegensatz zur Mitteltafel (das Weltgericht) und zur rechten Tafel (die Hölle) erscheint die linke Tafel (das Paradies) noch einigermaßen heil: Eva reicht Adam den Apfel. Die Erkenntnismöglichkeit ist geschaffen und in ihr wurzelt die Unterscheidungsfähigkeit, wie gut und böse, hell und dunkel und so fort. Wir sind in die Lage versetzt, Gutes und Böses zu erkennen. Wir können ab jetzt unterscheiden und bewerten! Und vor allem: Es gibt kein Zurück in den Zustand zuvor. Der Aufenthalt im Paradies ist nun endgültig vorbei, unwiderruflich! In der Geburtsstunde der Unterscheidung erhielt der Mensch gleichzeitig seine Erkenntnisfähigkeit, unauslöschbar, ein für allemal!

Für mich symbolisiert das Paradies jene zeitlose Zeit, in der es keine Bewertungen von Unterscheidungen gab. Es war die Zeit vor dem Sündenfall, die Zeit vor aller Erkenntnis, vor dem Wissen um Unterscheidung.

Nach meiner Deutung können wir uns einen Zustand ohne Unterscheidungen nicht wirklich vorstellen, wir können ihn aber erahnen und uns ein gewisses Bild machen von einem unterscheidungslosen Zustand. Wir können unterscheiden zwischen dem Paradies (ohne Unterscheidungen) und unserer menschlichen Realität, die ohne Unterscheidungen nicht auskommt. Ich glaube sogar, dass wir in uns eine

Weltgerichtstriptychon von Hieronymus Bosch (1485 bis 1505); Akademie der bildenden Künste, Wien

tiefe Sehnsucht verspüren nach jenem Paradies. Mitunter können wir es noch annähernd erleben in der Meditation, in der Sexualität oder in anderen Zuständen, wo unsere Unterscheidungen pausieren. Unsere Unterscheidungswahrnehmungen sind dann für eine Zeitlang verschwunden, aber sie sind nie ganz weg. Das eigentliche Sinnbild des ›Baumes der Erkenntnis‹ ist für mich die Geburt jener segensreichen und gleichsam tragischen Fähigkeit, unterscheiden und damit vergleichen zu können – und zu müssen. Das Unterscheiden-Können erfährt seit der Vertreibung aus dem Paradies durch das *Vergleichen* eine Bewertungsdimension mit erheblichen Auswirkungen. Der Vergleich beinhaltet einerseits die Möglichkeit des Neids und andererseits die Möglichkeit des Ansporns. Neid bedeutet die Überzeugung, ein anderer hat etwas (Güter oder Fähigkeiten), das eigentlich *mir* statt ihm zusteht. Missgunst ist die fatale zwischenmenschliche Folge. Andererseits ermöglicht der Vergleich auch Ansporn und Anregung, sich selbst einzubringen und sich zu bemühen, Vergleichbares zu schaffen oder zu erreichen.

Schon früh beobachten wir jene Vergleiche unter Kindern: ich kann schneller laufen als du, höher klettern, besser Mathematikaufgaben lösen als du – und so fort. Wir sprechen hier von intersubjektiven Vergleichen: Eine Person vergleicht ihre Leistungen mit denen einer altersgleichen, also vergleichbaren Gruppe. Wir können nicht (mehr) anders als zu vergleichen. Unsere Willenskraft würde nicht ausreichen, Vergleiche gänzlich ausschließen zu können. Schon Laotse soll in dem Buch »Tao te king« gesagt haben: Wer das Schöne als schön erkennt, hat damit bereits das Hässliche gesetzt.

Welche möglichen Folgen haben diese Einsichten? Für mich bedeuten sie zum einen, die Sehnsucht nach dem Paradies wachzuhalten, in dem ich zeitweise Situationen und Zustände aufsuche, in denen ich ganz Ich bin, ganz im Sein abtauche, versinke. Mir gelingt das tatsächlich manchmal, wenn ich im Wasser bin. In diesem Element kann ich für eine kurze Zeit ganz eins sein mit mir. Zu erinnern sei hier an das Gedicht von Rilke »Alles ist eins«.

Zum anderen beeinflussen meine Erkenntnisse auch meine *Einstellung* Vergleichen gegenüber. Ich bemühe mich um Neidlosigkeit und übe mich in Dankbarkeit und Sanftmut. Hilfreich ist für mich das Gedicht von Erich Fried »Es ist was es ist ...«.

Gleichwohl liebe ich es, Erkenntnisse zu gewinnen, intellektuelle Unterscheidungen zu treffen. Erkenntnisse befriedigen den Geist, geben Orientierung, und sie machen das Leben tiefgründig. Alle Bildung beruht auch auf Unterscheidungen, auf Differenzierungen des bereits Bekannten. Wissenschaft und Forschung streben nach Differenzierungen. In diesem Zusammenhang sprechen wir manchmal auch von Atomisierungen. Wir zerlegen alles in immer kleinere Teile in der Absicht, die Teile besser zu erfassen und Zusammenhänge zu erkennen. Allerdings gibt uns das bekannte Ehrenfels-Kriterium zu denken: »Das Ganze ist mehr als die Summe seiner Teile!« Das Ganze ist wesentlich anders als seine Einzelteile, und es ist eigen: Das Ganze ist nicht gleich die Addition seiner Teile. Ein Musikstück ist ein gutes Beispiel dafür. Es klingt nur in seiner Gesamtheit, im Zusammenspiel, und nicht additiv durch die einzelnen Instrumente. Aber was ist dann »das Ganze«?

Aus meiner Sicht hat das Ganze eine eigene Qualität, die sich dem Messbaren und Empirischen grundsätzlich entzieht. Das Ganze ist eher intuitiv erlebbar, es erschließt sich denjenigen, die ein Sensorium haben für Zusammenhängendes, für Gestalt und Form, für das, »was die Welt im Innersten zusammenhält« (Goethe, Faust II). Das Ganze ist etwas Geschöpftes, etwas Ästhetisches und etwas Sinn- und Geistvolles.

FOLGEGEIST UND AUTHENTIZITÄT

Den Begriff Folgegeist habe ich aus dem Buch von Romano Guardini »Die Annahme seiner selbst« entnommen. Darin heißt es: »Nach dem Mythos vom Folgegeist gibt es den Menschen einmal so, wie er sichtbar leibt und lebt; außerdem aber noch einmal, und so ist er eigentlich. Dieser Eigentliche geht aber hinter dem Unmittelbaren her; darum heißt er der Folgegeist. Der unmittelbare Mensch sieht den eigentlichen also nicht; er fühlt nur, dass er da ist; aber ›hinter‹ ihm, das heißt im Bereich des Nicht-Gegebenen. Einmal aber kommt er herum, tritt vor ihn hin und schaut ihn an. Dann sieht der Unmittelbare den Eigentlichen; und indem er ihn sieht, weiß er um sich« (Guardini 2008, 12–13). Bei der Unterscheidung zwischen dem Unmittelbaren und dem Eigentlichen handelt es sich nicht um eine Persönlichkeitsspaltung, sondern um die Erkenntnis, dass die Einheit einer Person multiphon klingt. Christian Morgenstern schrieb: »Man sollte von Zeit zu Zeit von sich zurücktreten wie ein Maler von seinem Bilde.« Oder Friedrich Hebbel: »Traurig grüßt der, der ich bin, den, der ich könnte sein.«

Auch in zahllosen Redewendungen scheint eine besondere Art der Dualität auf. Jemand spricht mit sich, jemand schaut sich an, stellt sich selbst eine Frage. Oder wir sagen: »Ich bin mit mir nicht zufrieden!«, »Ich möchte mit mir ins Reine kommen!«. Wer will da was von wem?

In der Einheit erfahren wir eine Dualität. Was ist das für ein grandioses, typisch menschliches Phänomen? Die Zwiesprache ist jene Unterscheidung, in der wir uns selbst bewerten können, Stellung beziehen können zu uns selbst. Sie ermöglicht uns, Korrekturen ➜

Ulmer Münster,
Inklusion am Portal
Foto: dierk schaefer (flickr)

vorzunehmen in unseren Einstellungen und Verhaltensmöglichkeiten. Wir lauschen unserer inneren Stimme, die etwas zu uns sagt. Diese innere Stimme oder dieser Folgegeist sind in aller Regel »rein«, unverfälscht, ehrlich zu uns, sie meinen es gut mit uns. Und vielleicht ist mit diesem Phänomen auch aus christlicher Sicht das »Gewissen« gemeint.

Diversität, Toleranz und Beziehung

Nun spiegelt sich der zuvor beschriebene innere Dialog auch im sozialen Miteinander wider. Wir nehmen unzählige Unterschiede zwischen Menschen wahr und ziehen daraus unterschiedliche Konsequenzen. Ich habe hierzu eine »Theorie der Sozialräume« entwickelt. Danach leben wir aufgrund unserer impliziten Bewertungen in verschiedenen Sozialräumen. In diese sind wir hineingeboren, bleiben dort oder müssen dort bleiben, oder wir entscheiden uns für Sozialräume, die unseren jeweiligen Ansprüchen entsprechen. Dabei umfassen Sozialräume sowohl materiell gebundene (Lebens-)Räume, etwa bestimmte Wohnviertel, als auch Bildungsräume. Wir umgeben uns mit einer ausgewählten spezifischen Bildungspopulation. Insofern sind Sozialräume zunächst einmal Abgrenzungsräume. Menschen haben unterschiedliche soziale und bildungsbezogene Zugehörigkeitsgefühle.

Interessant sind neben den Abgrenzungs- auch die Übergangsräume, die sich beide einerseits klar umgrenzen lassen, andererseits aber fließend und in ständiger Bewegung sind. Mitunter finden in Übergangsräumen professionelle Besuche statt, etwa wenn ein Pfarrer aus seinem idyllischen Pfarrhaus geht und Gemeindemitglieder aufsucht, die einen ganz anderen Lebensstandard haben. Oder wenn Sozialpädagogen »mit Behinderten arbeiten«. Oder wenn sich Hochschullehrer mit »Inklusion« beschäftigen, aber kaum »Kontakt zur Basis« haben.

Es scheint leicht zu sein, aus einem relativ gediegenen Sozialraum heraus einfühlsam und tolerant zu sein. Es scheint auch einfach zu sein, auf der appellativen Ebene tolerant zu sein (»Wir müssen Menschen mit Behinderungen integrieren!«). Erst wenn die imaginären Grenzen zwischen den Sozialräumen tatsächlich verschwinden und Rückzugsmöglichkeiten nicht mehr gegeben sind, wird es für alle Beteiligten brisant. Ich denke, dass wir eine graduelle Betroffenheit, in Form der Anteilnahme, haben, die sich aber von der unmittelbaren, existentiellen und dauerhaften Mitbetroffenheit unterscheidet.

Diese Gedanken sind aus meiner Sicht zunächst anthropologischer und nicht moralischer Natur. Sie sollen verdeutlichen, dass Toleranz und sozialräumliche und damit auch persönliche Distanz und Nähe relativ sind. Sie münden in die Überlegung, wie viel unmittelbare Unterschiedlichkeit subjektiv auszuhalten ist und wie groß meine Bereitschaft ist, mich in andere Lebensräume tatsächlich einzulassen. Übrigens ist diese Frage nicht von allen Menschen, die in unterschiedlichen Sozialräumen leben, gleichermaßen frei zu beantworten. Ein Mensch, der beispielsweise im Slum lebt, kann sich nicht entscheiden, ob er in einem Pfarrhaus leben möchte – umgekehrt schon! Ich denke, die Antwort ist zunächst individuell zu treffen: Auf welche Beziehungen will ich mich einlassen? Schließlich ist es auch eine Aufgabe von Kirche und Gesellschaft, soziale Unterschiede in Gestalt von Ungerechtigkeiten zu verringern.

Dabei fällt mir ein Satz Martin Luthers ein: »Was nicht im Dienste steht, steht im Raub!«, den Helmut Gollwitzer so interpretierte, dass Privilegien aller Art in den Dienst zu stellen seien, anderenfalls würden Menschen, die diese Privilegien nicht haben, um der möglichen Teilhabe an ihnen beraubt.

INKLUSION – ANSPRUCH UND KRITIK

Ein aktuelles Beispiel soll nun das Thema der Diversität konkretisieren.

Der Unterschied zwischen Integration und Inklusion ist durch die UN-Behindertenrechtskonvention, die die Bundesrepublik Deutschland 2009 ratifiziert hat, deutlich geworden. Während Integration noch das Hineinnehmen von zuvor vermeintlich ausgegrenzten Menschen in eine sogenannte Normalpopulation bedeutete, meint Inklusion gelebte Vielfalt innerhalb von »normalen« Gruppen: »Es ist normal, verschieden zu sein«, sagte schon 1993 Richard von Weizsäcker. Der Begriff Inklusion antizipiert gegenwärtig allerdings eine gesellschaftliche Wunschvorstellung, die leider aber zunächst noch anders aussieht. Ja, alle Menschen sind unterschiedlich und verschieden, und so sollen sie gemeinsam leben, lernen und arbeiten. Es gibt keinen Grund, bestimmte Gruppen, etwa Menschen mit Behinderungen, zu separieren.

Ein gemeinsames Lernen ist der politische Wille der UN-Behindertenrechtskonvention. Eltern haben seit 2009 das Recht, ihre Kinder – gleich, welche Behinderung sie haben – in Kindertagesstätten und Schulen ihrer Wahl (!) anzumelden. Die Einrichtungen ihrerseits müssen dafür Sorge tragen und Wege beschreiten, dass eine gemeinsame Erziehung und Bildung möglich ist. »Eine Schule für Alle«, »eine Hochschule für Alle«, so lauten die Forderungen, etwa der Hochschulrektorenkonferenz. Die Strukturvorgaben sind gegeben und völkerrechtlich abgesichert. Die Idee ist gut und verheißt Humanität in allen Bildungs- und anderen Gesellschaftsbereichen. Diversity- und Disability-Studies stellen die Vielfalt menschlicher Seinsweisen in den Forschungsmittelpunkt und untersuchen Vorteile und Hindernisse von inklusiven Bemühungen. Hier wird Unterschiedlichkeit als Interaktions- und gegenseitige Lernchance gesehen und »Behinderung« nicht personalisiert, sondern als soziale Konstruktion betrachtet.

Das ist ein echter Paradigmenwechsel: Die Behinderung wird nicht mehr wie in früheren Zeiten in einer Person verortet; der Mensch *hat* keine Behinderung, er *wird* be-hindert. Unterschiedliche Barrieren verhindern die angestrebte uneingeschränkte Teilhabe und es gilt, jene Barrieren zu erkennen und zu beseitigen.

Allerdings stellt sich die Frage, ob die Vision einer barrierefreien Umwelt, die physische Anwesenheit unterschiedlichster Menschen in einem Raum und die Entpersonalisierung von Behinderung schon die Erfüllung der Inklusion bedeuten würden. Aus meiner Sicht müssen mindestens zwei Aspekte hinzukommen: einmal die inklusive Einstellung/Haltung der Beteiligten (die Beseitigung der »Barriere im Kopf«) und zum anderen das Zugeständnis von Menschen in ähnlicher Situation, auch unter »ihres Gleichen« sein zu dürfen.

Am Beispiel der Inklusion zeigt sich die Unterscheidungsnotwendigkeit im Denken und Handeln in mindestens dreifacher Hinsicht: die Überwindung gesellschaftlicher, auch baulicher Barrieren, die individuelle Arbeit an Vorurteilen und Einstellungen und schließlich die Beachtung und Toleranz gegenüber Peergroups und deren spezifischen Bedürfnissen.

Abschließend möchte ich auf den Anthropologen Gregory Bateson (1904–1980) verweisen, der in seinem Buch »Ökologie des Geistes« *Metaloge* beschrieben hat. Sie thematisieren Unterscheidungen, die in Dialogen verwendet werden. Wir treffen nicht nur Unterscheidungen, wir thematisieren sie auch. Und durch unsere Auswahl und durch die Art und Weise, wie wir sie thematisieren, bewerten wir auch all das Unterscheidbare und zu Unterscheidende. Aus meiner Sicht ist es eine der vornehmsten Aufgaben von Wissenschaftlern, Unterscheidungsprozesse in Gang zu bringen und diese mit anderen Kollegen und Studierenden zu reflektieren. Insofern gelten Differenzierungen auch als durchgängiger Bildungsauftrag, und zwar in allen Bildungsbereichen.

Prof. Dr. phil. Dieter Lotz ist Dozent im Studiengang Heilpädagogik (BA) an der Evangelischen Hochschule Nürnberg sowie Beauftragter für die Belange von Studierenden mit Behinderung und chronischen Krankheiten.

Literatur:

Bateson, Gregory (1985): Die Ökologie des Geistes. Anthropologische, psychologische, biologische und epistemologische Perspektiven. Frankfurt: Suhrkamp.

Guardini, Romano (2008): Die Annahme seiner Selbst. Den Menschen erkennt nur, wer von Gott weiß. Kevelaer: Topos.

Sölle, Dorothee (2003): Leiden. Freiburg: Kreuz Verlag.

Neues Verständnis von Behinderung: http://www.institut-fuer-menschenrechte.de/fileadmin/user_upload/Publikationen/Positionen/positionen_nr_4_behinderung_neues_verstaendnis_nach_der_behindertenrechtskonvention.pdf.

Glosse von Matthias Röhm

KOMMT ZU MIR ALLE, DIE IHR MÜHSELIG UND BELADEN SEID.

In Großbuchstaben stehen diese Worte über der Tür meiner Kirche. Sie sprechen mich an. Mühsal erlebe ich auf der Arbeit mehr als genug, und die lieben Mitmenschen tun ihren Teil dazu, dass ich mich beladen fühle. Wer kennt das nicht. Und so laden mich diese Worte ein. Komm zu mir. Hier wird dir geholfen.

Ein Versprechen schwingt mit, das auch oft genug erfüllt wird. Aber eben nicht immer. Was man sich da alles gefallen lassen muss, will man (ich) in die Kirche und vor Gott bringen, was mir mein Leben schwer macht. Wenn da bloß die anderen nicht wären, die meine fromme Andacht stören.

Kaum komme ich durch die Tür, da sehe ich sie schon. Die Konfirmanden lungern in der letzten Reihe, kichern, stoßen, reden. Nichts mit andächtiger Ruhe. Besonders schlimm ist es, wenn sie auch noch am Gottesdienst mitwirken. Merkwürdige Gebete, laienhaft gesprochen, oder gar Anspiele, die vielleicht ihre Vorstellungen von Glauben darstellen. Mit meinem Glauben hat das nichts zu tun. Wo bleibt die Würde des Gottesdienstes? Was wir uns da gefallen lassen müssen.

Und dann die Muttis mit ihren Kinderwagen, die alle Gänge blockieren, und die kleinen Schreihälse erheben ihre Stimmen im Chor, entweder gleichzeitig, oder aber schön nacheinander, damit es ja keinen andächtigen Moment geben kann. Nur die Eltern scheint das nicht zu stören. Sitzen da und ergötzen sich an der Kakophonie in Moll. Zu Familiengottesdiensten gehe ich aus Prinzip schon gar nicht mehr. Und wenn kein Kinderwagen den Gang blockiert, dann stehen da ganz sicher Rollies. Das stört die Ästhetik des Kirchraums. Kein freier Blick auf Altar und Kreuz. Wo soll denn das hinführen. Verstößt bestimmt auch gegen die Brandschutzordnung. Werde mal einen Brief an die Ältesten schreiben.

Und die beiden Penner sind auch schon wieder da. Muss mich beim Abendmahl taktisch klug aufstellen. Ich will den Kelch nicht nach denen kriegen. Ist ja eklig. Die kommen doch nur wegen des Weines. Bei Saft wären die bestimmt weg.

Und dann die Alte, die sich in der vorderen Reihe direkt vor die Kanzel setzt. Da saß ich sonst immer. Damit sie besser hören kann. Sagt sie. Dabei fängt sie bei jeder Predigt an zu schnarchen.

Kindergeplärr, Schnarchen – was man sich gefallen lassen muss. Allerdings haben wir jetzt eine Frau als Pfarrer. Das ist auch nicht mehr so wie früher, als noch der Herr Pfarrer da war. Und warum jetzt plötzlich mehr Männer da sind, das hat bestimmt nichts mit frommer Andacht zu tun. Hab aber gehört, dass die sich „verpartnern" will. Da werden die Männer ganz schön blöd gucken.

Dort hinten sitzt ja wieder die junge hübsche Frau aus der Parallelstraße. Ich setze mich neben sie und erzähle ihr mit gedämpfter Stimme von all den Zumutungen, die wir hier durchleiden müssen in meiner Kirche. Was man sich hier gefallen lassen muss, höre ich sie gerade noch sagen, während sie aufsteht und sich wegsetzt. Na ja, da habe ich wenigstens die Bank für mich alleine.

Neue Kompetenzen für ein neues Konzept!?

Gemeindepädagogen als Diversity-Manager

Ina Schönberger

Das Konzept von Diversity ist zwar ein verhältnismäßig junges, doch nicht immer sind für neue theoretische Ansätze auch neue Kompetenzen erforderlich. Einige Kenntnisse und Fähigkeiten sind ohnehin in der täglichen Arbeit von Gemeindepädagoginnen und Gemeindepädagogen vorhanden. Andere Kompetenzen erscheinen im Licht der Diversity neu und sollten daraufhin reflektiert werden.

Diversity hat seit den 1990er Jahren in der Ökonomie und Organisationsentwicklung sowie in Sozialer Arbeit und Pädagogik Einzug gehalten. Es handelt sich dabei um: »... die Vielzahl von Identitäts- und Zugehörigkeitskategorien ...« sowie deren Zusammenspiel (Mecheril, Plößer 2011, 278). Vermeintlich klassische Kategorien wie Geschlecht, Migration, Behinderung etc. fallen zwar unter das Konzept der Diversity, gemeint ist aber die Gesamtheit von persönlichen und kulturellen Eigenheiten, die einen Menschen ausmachen. Das Besondere am Konzept der Diversity ist, dass es keine wertenden Kategorien in Bezug auf die Unterschiedlichkeit der Identitäten enthält, sondern sich auf die Ressourcen der Individuen stützt und dabei gesellschaftliche Normalisierungsprozesse im Blick hat. Zu fragen ist im Folgenden, wie Persönlichkeiten mit unterschiedlichen Identitäten und Lebensentwürfen in der Gemeindepädagogik beachtet werden können und welche speziellen Kompetenzen Gemeindepädagogen dafür benötigen.

Um die Kompetenzen systematisieren zu können, beziehe ich mich auf die Empfehlungen der Kultusministerkonferenz, welche fachliche, methodische, soziale und personelle Kompetenzen ausweist (vgl.: KMK 2007, S. 11). Es handelt sich dabei um die Empfehlungen zur Gestaltung von Rahmenlehrplänen im Bereich der Beruflichen Bildung. Da dieses Konzept an die Handlungsorientierung im Unterricht anknüpft und somit die heterogenen Lebenswelten der Schüler berücksichtigt, entspricht es auch dem Konzept von Diversity. Diese Systematisierung eignet sich somit m. E. auch für die Gemeindepädagogik.

Fachliche Kompetenzen beziehen sich auf konkrete Inhalte. Es geht also um das vorhandene (Fach-)Wissen. Die Anwendung bestimmter Techniken und das planmäßige Vorgehen im Rahmen von pädagogischen Settings werden bei diesem Modell als methodische Kompetenzen zusammengefasst, während sich soziale Kompetenzen auf Beziehung und Kommunikationen mit Mitmenschen konzentrieren. Das Erkennen und Weiterentwickeln der eigenen Persönlichkeit ist Inhalt der persönlichen oder auch humanen Kompetenzen, welche die eigene Werteentwicklung und -reflexion mit einbeziehen.

Eigene Haltungen

Für den Umgang mit Diversity stehen die personellen Kompetenzen an erster Stelle. Diese implizieren die eigenen Haltungen und Wertvorstellungen, die immer wieder in unterschiedlichen Situationen reflektiert werden sollten. Dazu zählt insbesondere die christlich motivierte Sicht auf den Menschen. Er bzw. sie sind zu akzeptieren unabhängig eigener Vorstellungen, Lebensverhältnisse oder Einstellungen. Dies impliziert nicht, dass Gemeindepädagogen alle Haltungen positiv bewerten sollen und jedes Verhalten tolerieren. Vielmehr geht es darum, dieses zu reflektieren und gemeinsam auf der Suche zu sein, was dem Mitmenschen guttun könnte. Zu Einstellungen und Haltungen der Gemeindepädagogen zählt auch, dass der Blick weg von den Defiziten hin zu den Ressourcen gelenkt wird. Kinder, bei denen AD(H)S diagnostiziert wurde, sind nicht nur vergesslich, ablenkbar und unruhig, sondern auch kreativ, spontan und haben einen ausgeprägten Gerechtigkeitssinn (vgl.: Gawrilow 2012, 22). Gemeindepädagogen sollten so in unterschiedlichen Settings die jeweiligen Ressourcen anerkennen und gezielt mit diesen arbeiten (können). Dies schafft nicht nur bei den betroffenen Personen Selbstwirksamkeitserfahrungen und somit ein Selbstwertgefühl, sondern kann die Einstellung aller Beteiligten nachhaltig prägen. Personelle Kompetenzen meinen hier Anerkennung, Akzeptanz, Toleranz und Wertschätzung. Selbstverständlichkeiten, an denen immer wieder gearbeitet werden sollte.

Das Miteinander

Soziale Kompetenzen zielen darauf ab, das soziale Miteinander zu gestalten. Dies ist immer wieder Thema im Religionsunterricht sowie in gemeindepädagogischen Angeboten und es zählt quasi zu den Standardthemen. Grundvoraussetzung für die Gestaltung sozialer →

Beziehungen ist das empathische Verstehen des Anderen. Es meint, sich in einen Menschen hineinzuversetzen und zu erahnen, warum er so reagiert, wie er reagiert. Empathisch sollten dabei nicht nur die Gemeindepädagogen sein – es sollte auch den Teilnehmenden ermöglicht werden, empathisch angenommen zu werden und dem anderen gegenüber verständnisvoll zu sein. So können autistische Kinder sehr beunruhigt oder aggressiv sein, wenn der Raum, den sie gewohnt sind, plötzlich umgeräumt ist. Ältere Menschen können möglicherweise aufgrund einer Hörbehinderung einer Diskussion nicht gut folgen, möchten aber im Gegenzug nicht, dass man zu viel auf sie Rücksicht nimmt. Dieser Umstand kann zu gestörter Kommunikation führen. Indem sich Gemeindepädagogen in die verschiedenen Situationen hineinversetzen, kann dies jedoch verhindert werden. Aktives Zuhören und eine Kommunikation, die getragen ist von Wertschätzung und Lob, sind soziale Kompetenzen, die in Bezug auf Diversity notwendig sind. Gemeindepädagogen wirken als Vorbild – gerade für Kinder und Jugendliche – das muss immer bewusst sein.

Eine weitere Aufgabe ist die Ermöglichung der Gestaltung des Sozialen für die Beteiligten. Hierbei ist in den Angeboten zu fragen, welche Urteile und Vorurteile herrschen in den Köpfen der Menschen und wie diese abgebaut werden können. Ein wesentliches Mittel ist dabei die Begegnung mit Personen, z. B. aus anderen Kulturkreisen (und Religionen). Manchmal genügt auch der Blick in eine andere soziale Gruppe. Die oben angesprochenen personalen Kompetenzen zeigen sich bei Gemeindepädagogen in der Art des sozialen Umgangs und in der sozialen Beziehungsgestaltung in der Gemeinde.

Methodenvielfalt

Das Anleiten dieser sozialen Prozesse wie auch die gezielte inhaltliche Gestaltung von gemeindepädagogischen Angeboten unter dem Diversity-Aspekt erfordert vielfältige methodische Kompetenzen. Neben einer nötigen und sachgemäßen Methodenvielfalt, die unterschiedlichen Interessen und Neigungen der Teilnehmenden gerecht wird, gilt es auch, Über- oder Unterforderungen bei Kindern, Jugendlichen und Erwachsenen zu verhindern. Methoden sollten sowohl den Lernzielen als auch der Gruppe und deren Alter entsprechen. Diversity akzeptiert unterschiedliche Lernbegabungen und Lerntempi. Es gilt nicht einfach, so viele Methoden wie möglich einzusetzen, sondern diese gezielt zu verwenden. Das kann implizieren, dass innerhalb einer Gruppe unterschiedliche Methoden zur gleichen Zeit zum Einsatz kommen, die wiederum den unterschiedlichen Interessen, Begabungen und Möglichkeiten der Zielgruppe entsprechen. In der Ergebnissicherung ist dann zu überlegen, wie man diese unterschiedlichen Vorgehensweisen wieder zusammenführen kann. Weiterhin ist darauf zu achten, dass Anspannung und Entspannung in einem angemessenen Verhältnis zueinander stehen, um Überforderungs- oder Ermüdungserscheinungen entgegenzuwirken. Diversity fordert also den Gemeindepädagogen noch viel mehr dazu auf, gezielt die Methodenpluralität auszubauen und diese spezifisch anzuwenden.

Auf der Seite der fachlichen Kompetenzen in Bezug auf Diversity ist zunächst ein inhaltliches Wissen um den Begriff und das Konzept notwendig. Im Ansatz der Diversity wird Wert auf besondere Begabungen und Ressourcen gelegt, die im pädagogischen Prozess erschlossen werden können. Es könnte sich also zeigen, dass etwa ein autistisches Kind Mühe hat in der Kommunikation mit anderen, jedoch die Fähigkeit besitzt, sich sehr schnell Zahlen und Fakten aus biblischen Geschichten anzueignen, die im Lernprozess für alle Kinder hilfreich sein können. In Gesprächen mit Eltern der Kinder ist es sinnvoll, das Wissen um Diversity einzubringen und die Wertschätzung auszudrücken. Eltern können ermutigt werden, über die Besonderheiten der Kinder zu sprechen, und es kann von den Gemeindepädagogen der Blick auf die Ressourcen und Stärken der Kinder gelenkt werden.

Inhaltliche Kompetenzen sind natürlich auch die religionspädagogischen Inhalte. Diese müssen nun in ein entsprechendes Verhältnis zu den anderen Kompetenzen gebracht werden. So zeigt sich z. B. in Bibel und Kirchengeschichte eine Vielfalt an unterschiedlichen Persönlichkeiten, die unter dem Gesichtspunkt der Diversity angeschaut werden können. Das ermöglicht neue Bezüge zu den Teilnehmern und Zugänge für die Teilnehmenden. Hier kann ein Beruf genauso eine Rolle spielen wie eine Behinderung oder das Alter der Personen.

Auch die Person des Gemeindepädagogen selbst kann unter dem Diversity-Aspekt betrachtet werden. Sie hat Ressourcen und Fähigkeiten, die in die pädagogischen Prozesse eingebracht werden. Eigene Stärken, die von der Gestaltung von Materialien und Medien über Kommunikationskompetenzen bis hin zu technischen und handwerklichen Fähigkeiten reichen können, prägen die Arbeit auf ganz eigene Weise.

Weitere Literaturhinweise:

Gawrilow, Caterina: Lehrbuch ADHS. Modelle, Ursachen, Diagnose, Therapie. München/Basel 2012.

Mecheril, P.; Plößer, M.: Diversity und Soziale Arbeit. In: Otto, H.-U.; Thiersch, H.: Handbuch soziale Arbeit. 4., voll. neu bearb. Aufl., München/Basel 2011.

KMK: Handreichung für die Erarbeitung von Rahmenlehrplänen der Kultusministerkonferenz für berufsbezogenen Unterricht in der Berufsschule und ihre Abstimmung mit Ausbildungsordnungen des Bundes für anerkannte Ausbildungsberufe. Bonn 2007 (Download: http://www.kmk.org/fileadmin/veroeffentlichungen_beschluesse/2007/2007_09_01-Handreich-Rlpl-Berufsschule.pdf).

Prof. Dr. Ina Schönberger ist Professorin für Pädagogik an der Evangelischen Hochschule Moritzburg.

© Stauke - Fotolia.com

Diversity-Kompetenz fördern

als Aufgabe des Studiums der Religionspädagogik/Gemeindediakonie an der EH Freiburg

Renate Kirchhoff

»Ich glaube, ich bin einfach anders als die anderen«. So lautete die desillusioniert präsentierte Antwort des Studenten S. auf meine Frage, wie es ihm im Studium gehe. Zur Zeit des Beratungsgesprächs studierte er im zweiten Semester Religionspädagogik/Gemeindediakonie an der EH Freiburg. Seine Erläuterung der Fremdheitserfahrung zeigte, dass es vor allem die religiös-politischen Merkmale der eigenen Identität waren, auf die er nach eigener Einschätzung keine Resonanz unter den Studierenden seines Fachs erhielt. Die Motivation für das Studium wurzelte im Religionsunterricht: Seine Religionslehrerin leitete zur Auseinandersetzung mit dem konziliaren Prozess an, und der Student entschied, Gemeindediakon zu werden, um als beruflich Tätiger mit Ehrenamtlichen zusammen einen Beitrag zu »mehr Gerechtigkeit in der Welt« zu leisten.

»Die anderen« im Kurs sind zunächst diejenigen, die in ihrer beruflichen Tätigkeit Menschen »zu einer persönlichen Erfahrung mit Gott« verhelfen wollen, weil sie dies selbst als im positiven Sinne prägend erlebten. Die eher evangelikal Geprägten bewerteten seinen Zugang zur Wirklichkeit durchaus abwertend als »Zweifel«; S. urteilte, dass sich »die anderen« einfach keine Gedanken machen. Die Mehrheit der Gruppe steht sowohl S. als auch den evangelikal Geprägten der Gruppe eher fragend und suchend gegenüber; ihre Suchbewegungen sind in Konfliktsituationen nicht positionell geprägt.

Solche oder ähnliche Konstellationen sind in gemeindepädagogischen Studierendengruppen typisch. In der religiösen Prägung unterscheiden sich die Studierenden in einer für sie selbst von Anfang an besonders spürbaren Weise. Denn diese wird in allen theologischen Lehrveranstaltungen inhaltlich angefragt. Die jeweilige religiöse Prägung der Studierenden bestimmt das soziale Mit- →

einander und die anfängliche Konstruktion einer beruflichen Identität. Aus diesem Grund werden Unterschiede in der religiösen Prägung auch als besonders bedrohlich erlebt, es kann zur (Selbst-) Stigmatisierung und/oder zur Beendigung des Studiums führen. Dennoch prägen auch andere Felder von Unterschiedlichkeit die Lehre/das Lernen und das Leben an der Hochschule: sexuelle Identität, Ability/Disability, soziale und kulturelle Herkunft, Gender etc.

1. Vielfalt an der Hochschule als Lern- und Lebensort

Das Eingangsbeispiel zeigt eine unmittelbare Anforderung an die Hochschule auf:

a) Sie muss selbst Diversity in einer Weise managen, die verhindert, dass sie Studierenden aufgrund von Stigmatisierungs- und Ausgrenzungsprozessen verliert. Dazu bedarf es einer entsprechenden Qualifikation von Lehrenden im Umgang mit Vielfalt unter Studierenden. Wer in der Lehre der Studierende des BA RP/GD steht, sollte die für sie spezifischen beruflichen Anforderungen kennen, die Unterschiede in den Qualifikationsanforderungen der Studierenden in gemischten Studierendengruppen wahrnehmen und als Chance für den Kompetenzerwerb aller Studierender nutzen. Die Erfahrung hat gezeigt, dass Modulkonferenzen dazu nicht ausreichen; wir organisieren inzwischen interdisziplinäre Fachgespräche in denen sich Lehrende und Studierendenvertreter (u. a.) über den je spezifischen Kompetenzerwerb informieren.

Eine konfessionelle Hochschule wird zudem ***b)*** aus ekklesiologischen Gründen auf Vielfalt setzen. Denn Gemeindediakone für eine Volkskirche auszubilden bedeutet zwar zum einen, Kirche für das Volk zu sein und also die Vielfalt an Strömungen in einer reflektierten Weise abzubilden; es bedeutet jedoch auch, so auszubilden, dass die Studierenden zum Gemeinwohl in Staat und Gesellschaft beitragen (vgl. Schneider-Flume 2004, 263). Dafür ist zentral, dass die den Binnenbereich kirchlichen Handelns transzendierenden Perspektiven auch in den Studierendengruppen repräsentiert sind und die in der Lehre thematisierten theologischen und pädagogischen Diskurse die sozialen und politischen Aufgaben von Kirche reflektieren. Das ist im Übrigen eine Querschnittsaufgabe aller Disziplinen und insbesondere des Studienbereichs »Professionelle Identität«.

Für die Hochschule stellt sich des Weiteren ***c)*** die Aufgabe, in gemeindepädagogischen Studiengängen Lehr-Lern-Settings zu schaffen, in denen die Studierenden sich Diversitätskompetenz als Teil ihrer Fachlichkeit aneignen können. Diversitätskompetenz verstehe ich als die Fähigkeit, Unterschiede zwischen Personen wahrzunehmen, ohne die Personen auf die wahrgenommenen Unterschiede zu reduzieren, Menschen nicht in Gruppen einzusortieren, ohne eine individuelle Differenzierung zu leisten. Außerdem gilt es, mit der Differenz zwischen der eigenen Bewertung eines Unterschieds und der Bewertung der vom Unterschied Betroffenen zu rechnen und deshalb die Bewertung des Gegenübers aktiv zu erkunden. Dies schließt die Fähigkeit ein, gleichzeitig nach mehreren Differenzlinien zu fragen (zur Definition vgl. Leiprecht 2011, 8 f.). Der Erwerb von Diversitätskompetenz erfolgt auf der kognitiven, der affektiven und der operationalen Ebene des Lernens; Lehr-Lern-Settings sollten alle Ebenen berücksichtigen.

2. Bildungsprozesse im Studium des BA Religionspädagogik/Gemeindediakonie

2.1 Reflexion der eigenen religiösen Sozialisation und die Praxis des Perspektivenwechsels

In Freiburg nehmen jährlich etwa 25 Studierende das Studium der RP/GD auf. Sie absolvieren etwa die Hälfte der Veranstaltungen in dieser – weitgehend konstanten – Gruppe. Es ist ihnen also – anders etwa den Studierenden der Sozialen Arbeit – nicht möglich, denen, die »anders« sind, aus dem Weg zu gehen.

Im ersten Studiensemester bietet eine Übung mit dem Titel »Religiöse Sozialisation« den Anlass zu theoretischer, selbstreflexiver und handlungsorientierter Auseinandersetzung mit der eigenen Religiosität und mit der der Kommilitonen. Das Blockseminar beginnt mit zwei Futur-II-Fragen: »Was *muss* in diesem Block passieren und was *darf nicht* passieren, damit Sie am Ende sagen: Dies war ein lohnenswertes Seminar?«. Regelhaft gibt es bei b) eine fast 100%ige Übereinstimmung in dem Wunsch, dass es keine verbale und/oder nonverbale Abwertung von religiösen Vorstellungen oder biografischen Verortungen geben möge. Da die Studierenden ihre je individuellen Antworten zunächst für sich erarbeiten und in einem Stichwort auf eine Karte notie-

ren, die anschließend öffentlich sichtbar aufgehängt wird, ist eine Herdenwirkung dessen, was die ersten Studierenden sagen, weitgehend ausgeschlossen. Unter den Wünschen teilen sich derjenige, die Kommilitonen besser zu verstehen, und das Interesse an der Entstehung von Religiosität in ihrer jeweiligen Ausprägungen die vorderen Plätze.

Die Möglichkeit, die Furcht vor Diskriminierung zu artikulieren, und die Tatsache, dass dies eine vielen gemeinsame Befürchtung ist, reduziert die Furcht und erhöht zugleich die Aufmerksamkeit, mit der das eigene Denken, Fühlen und Handeln beobachtet wird.

Neben theoretischen Zugängen zu Religion, Religiosität, Sozialisation etc. steht die *Biografiearbeit* im Vordergrund. Ziel ist es, dass die Studierenden Zusammenhänge zwischen ihrer Religiosität und ihrer Biografie konstruieren und sich gleichzeitig als Subjekt ihrer religiösen Identität verhalten. Das erzählende Konstruieren ermöglicht den Hörenden, auf die Negativbewertung der ihnen fremden Religiosität zu verzichten und die Religiosität mit anderen Differenzlinien zu verbinden. Auf diese Weise üben die Studierenden eine zunächst wertfreie Selbstbeobachtung und den Perspektivenwechsel ein. Die Einübung der Wahrnehmung und Selbstbeobachtung führt zur Frage nach den Kriterien für urteilendes Handeln, die dann in erkenntnistheoretischer, ethischer und theologischer Hinsicht aufzunehmen ist.

Drei bis fünf Wochen nach diesem Block wird die Dynamik im Kurs Gegenstand von Supervision durch einen externen Supervisor. Ziel ist es, die Dynamik in der Konstruktion der religiösen Identität als Herausforderung neben den anderen Formen des Kompetenzerwerbs im Studium aufzuwerten und den konstruktiven Umgang mit Gruppenkonflikten zu befördern.

2.2 Biblische Hermeneutik als Theorie und Praxis des Umgangs mit unterschiedlichen Konstruktionen von Wirklichkeit

Studierende haben in der Regel anfangs die Vorstellung, dass sie die Texte automatisch »richtig« verstehen, wenn sie lesen, »was dasteht«, und dass sie sich quasi automatisch anwenden lassen. Dieses Element fundamentalistischer Bibellektüre, die von der Differenz zwischen Text und Anwendung ebenso absieht wie von der Differenz zwischen Text- und Lesewelt (vgl. Kirchhoff 2013), gehört vor allem zur Rolle der Zielgruppen von Kommunikation biblischer Texte. In unterrichtlichen, homiletischen, seelsorglichen oder politischen Kontexten leitet der Umgang mit biblischen Texten Zielgruppen oder -personen zur Identifikation mit bestimmten Rollen, Wörtern oder Strukturen an, um Elemente der Gegenwart zu deuten und sie darüber zu bewerten.

Für professionell Handelnde ist dieser Verlauf der Deutung und Bewertung ein Prozess, der zu gestalten ist. Er ist dann gut gestaltet, wenn Zielgruppen Deuteoptionen erhalten, mittels derer sie sich mehr Lebensqualität erschließen können. Dazu ist es erforderlich, dass die Gemeindediakone zum einen die unterschiedlichen Lebenslagen sowie Lebenswelten erkunden. Es ist zum anderen erforderlich, dass sie auf methodisierte Weise die Textwelt erfassen, um die Texte möglichst treffend und prägnant zur Deutung heranziehen zu können. Eine biblische Hermeneutik, welche die Differenz zwischen Text- und Lesewelt als ein heuristisches Prinzip einführt, lehrt auf methodisierte Weise zunächst den Unterschied zwischen dem Eigenen (»Was lese ich?«) und dem anderen (»Was lasen/lesen andere?«), um in einem zweiten Schritt aus der Differenz die Chance der Entwicklung eigener Deuteoptionen abzuleiten.

Einen in diesem Sinne hermeneutisch reflektierten Umgang mit Texten und Kommunikationssituationen einzuüben, fördert sowohl die Wahrnehmung der eigenen Kontextualität und Perspektivität als auch den Perspektivenwechsel. Außerdem ist die Fähigkeit, den Deutevorgang reflektieren und transparent gestalten zu können, Voraussetzung dafür, mit Menschen, die Wirklichkeit nicht christlich (oder anders christlich) konstruieren, über religiöse Fragen (zur Definition vgl. Kirchhoff/Rupp 2008, 11–13) kommunizieren zu können.

2.3 Zu einer sozialen Minderheit gehören – Selbstreflexion, Perspektivenwechsel, Verhaltenstraining

Die Studierenden des BA RP/GD absolvieren etwa die Hälfte der Veranstaltungen gemeinsam mit Studierenden des BA Soziale Arbeit. Diese Organisation des Curriculums erhöht die untereinander wahrnehmbare Vielfalt. Die Minderheitensituation und die Tatsache, dass das Berufsprofil der Gemeindediakone noch nicht scharf konturiert ist, erfordern von Lehrenden und Studierenden ein aktives Steu- →

ern gegen Diskriminierung. Denn das Normale ist, dass die Gruppe von 1/6 der Studierenden erst im Konfliktfall wahrgenommen wird, und auch dann ist nicht gesagt, dass ihnen ein *Anspruch* etwa auf Praxisbeispiele aus ihren zukünftigen Handlungsfeldern zugestanden wird.

Die Studierenden des BA RP/GD nehmen wahr, dass sie – warum auch immer – nicht im Blick sind. Das bewerten sie als Benachteiligung, Abwertung, Faulheit der Lehrenden u. a. m. Wenn sie nicht ein Stigmamanagement zu Lasten der Qualität des Studiums und der zukünftigen professionellen Identität betreiben wollen, müssen sie auch selbst diese Situation aktiv gestalten. Diese Situation, in der sie sagen müssen, dass sie in der betreffenden Studierendengruppe vertreten sind, was sie studieren und welches ihr Berufsprofil ist, ist nun nicht nur ein Feld, auf dem sie sich ausprobieren können, um das Gelernte in andere Situationen zu transferieren. Vielmehr handelt es sich bei dieser Situation um ein echtes Beispiel. Denn auch an den Praxisorten Schule, Gemeinde und Diakonie werden sie mit der Situation konfrontiert, dass die normalen Berufe, die die Mehrheit der Menschen im beruflichen Umfeld zu kennen meint, die Berufe der anderen sind (Pfarrer, Sozialarbeiter); der eigene bleibt erläuterungsbedürftig. Ziel von Supervision ist es, diese Erfahrung zum Gegenstand der Reflexion zu machen, die verschiedenen Ursachen für den objektiven Missstand zu ermitteln (individuelle, organisatorische, strukturelle Gründe), um dann angemessene Reaktionen zu entwickeln und auch zu erproben. Eine angemessene Reaktion wird auf Grundkenntnisse über Theorien sozialer Ungleichheit und die Kenntnis des zukünftig eigenen Berufsprofils rekurrieren; sie bedarf der Fähigkeit, das Bezugssystem des Gegenübers zu berücksichtigen und Verhaltensoptionen zu entwickeln.

Die Reflexion der eigenen Stigmatisierung und des eigenen Stigmamanagements sowie die Einübung von einem Verhalten, das zur professionellen Identität und zur Weiterentwicklung des Gegenübers beiträgt, wird zukünftig Ziel von Gruppensupervision zu Beginn des Praxissemesters und vor Abschluss des Studiums sein.

Ein Studium der Religionspädagogik/Gemeindediakonie an einer Evangelischen Hochschule bietet sehr gute Voraussetzungen dafür, Diversity-Kompetenz zu erwerben. Denn zum einen ist die Gestaltung von Kommunikation im Kontext unterschiedlicher Bildungs- und Beratungsprozesse das Grundthema des Studiengangs; zum anderen zieht sich die Frage nach der eigenen professionellen Identität wie ein roter Faden durch das Studium. Zum dritten bietet die Situation, in der Hochschule als numerische Minderheit zu studieren, eine Lernchance. Denn die Reflexion dieser Erfahrung kann in höherem Maße sensibilisieren für die Wahrnehmung von Situationen, in denen Komplexität zu Lasten bestimmter Gruppen reduziert wird, als solche Situationen, in denen Menschen zur dominanten Mehrheit gehören.

Möglicherweise haben wir an der EH Freiburg aus der Not eine Tugend gemacht. Wir tun dies allerdings aus der Überzeugung heraus, dass die Fähigkeit, sich in einer in bestimmter Hinsicht fremden Mehrheitsgesellschaft zu bewegen, verschiedene Felder von Unterschiedlichkeit zu erkunden, eigene Ängste und Verhaltensmuster wahrzunehmen und Strategien zur Gestaltung des Miteinanders in heterogenen Gruppen zu entwickeln, schon jetzt eine zentrale Kompetenz zur Kommunikation des Evangeliums ist.

Prof. Dr. Renate Kirchhoff ist Dekanin des Fachbereichs II Theologische Bildungs- und Diakoniewissenschaft an der Evangelischen Hochschule Freiburg.

Literatur:

Kirchhoff, Renate (2013), Biblische Theologie als Bezugswissenschaft der Sozialen Arbeit: Zu den Bedingungen disziplinären Lehrens und Lernens an einer Hochschule für Soziale Arbeit, in: Bell, D. (u. a.) (Hrsg.), Lebenswelten – Textwelten. Biblische Theologie an Hochschulen für Angewandte Wissenschaft, Tübingen 2013 (im Druck).

Kirchhoff, Renate/Rupp, Hartmut (2008), Religiöse und philosophische Bildung, Materialien zur Frühpädagogik 2. Freiburg: FEL-Verlag

Leiprecht, Rudolf (Hrsg.) (2011), Diversitätsbewusste Soziale Arbeit, Schwalbach: Wochenschau-Verlag.

Schneider-Flume, Gunda (2004), Grundkurs Dogmatik. Nachdenken über Gottes Geschichte. Göttingen: Vandenhoeck und Ruprecht.

1 Zu den Seminaren, in denen das Modulhandbuch des BA RP/GD einen allgemeinen Erwerb von Diversity-Kompetenz vorsieht, gehören etwa die Gemeindeerkundungen im 1. und 3. Fachsemester; der Anteil des Praxissemesters, der in einem diakonischen Kontext absolviert wird; das Angebot, Theorie- oder Praxissemester im Ausland zu absolvieren; zwei Veranstaltungen, die die Studierenden aus einem Pool von ca. 10 Seminaren zum Thema Diversity auswählen können. In jedem Fall reflektierte Felder von Diversity sind sexuelle Orientierung (Exegese, Sozialethik), Ability/Disability (KU, EB, Seelsorge); Armut; Migration (Diakoniewissenschaft).

Glosse von Beate Hofmann

»Wer bin ich und wenn ja, wie viele« für wen? Über die DIVERSITÄT im Kleiderschrank

Kleider machen Leute. Leider gilt auch das Umgekehrte: Das Gefühl, falsch angezogen zu sein, gehört für mich sehr deutlich in die Kategorie »peinliche Erfahrungen«, die den guten Eindruck von einer Person total stören können. Dabei kommen mir vor allem Situationen des »underdressed«-Seins in den Sinn: ein Familienfest bei Freunden, die sonst immer sehr leger angezogen sind, da mein Kollege Anzüge und Krawatten verabscheut. Und zur Konfirmation des Sohns waren sie plötzlich alle in Anzug, Kleid oder Kostüm da, nur ich hatte ein legeres T-Shirt-Kleid an. Eine andere unvergessliche Situation ist ein Beerdigungsgespräch, das ich als junge Pfarrerin in einem ziemlich betuchten Stadtviertel Münchens zu führen hatte. Ich war den ganzen Tag von einem Termin zum anderen gehetzt, es war Hochsommer und ich hatte ein buntes Kleid an und kam auf dem Fahrrad daher. Und dann kam ich in eine Villa voller Stilmöbel, alle waren sehr elegant und natürlich tiefschwarz angezogen, nur ich stach heraus wie ein bunter Papagei. Selten habe ich mich so unwohl gefühlt, als junge, alternativ lebende Theologin (irgendwo zwischen Experimentalistin und Postmaterielle, um das mit der Milieubrille nach Sinus zu beschreiben, bei dieser etablierten Familie).

Diese Beispiele zeigen, dass bestimmte Situationen bestimmte Dresscodes haben, die auch milieuübergreifend gelten. Daneben gibt es Situationen, in denen über die Kleidung signalisiert wird, dass man zu einem Milieu »dazugehört« oder sich bewusst davon abgrenzt, nicht nur in Jugendszenen.

Kleider machen Leute. Diese alte Weisheit gilt für Frauen in anderem Maße als für Männer. Frauen können sich nicht unsichtbar machen, egal, was sie anhaben, und sie haben auch keinen »uniformierten« Dresscode wie z.B. den dunklen Anzug in den oberen Etagen oder Hemd mit Jeans in den informelleren Settings. Als Frau werde ich genau taxiert: Ist es der übliche Businesslook, gelte ich als angepasst; ist es auffälliger, wird über die »schrille Type« geredet. Politikerinnen sind ein gutes Beispiel dafür, vom Merkelschen Blazer mit Kette über die elegante Christine Lagarde bis hin zu den berühmten Oberarmen von Michelle Obama. Was sie anhaben, wie sie aussehen, ist oft wirkungsvoller als das, was sie sagen.

Aber das gilt nicht nur für die First Ladies. Es ist immer wieder interessant zu sehen, wie sich der Kleidungsstil bei Studentinnen im praktischen Studienjahr allmählich ändert. Statt nabelfrei mit weit ausgeschnittenem T-Shirt tragen sie plötzlich Blazer; der Haarschnitt wird professioneller, das Gesicht dezent geschminkt. Eine Studentin kam eines Tages mit Brille, obwohl sie gar keine schlechten Augen hatte. »So sehe ich etwas älter aus und werde hoffentlich nicht mehr als Schülerin aus dem Lehrerzimmer herausgeworfen ...«, war ihr Kommentar.

Der Griff in den Kleiderschrank ist also keine Nebensächlichkeit, sondern ein Statement, über das Nähe oder Distanz, Vertrautheit mit dem Milieu und seinen Spielregeln oder Ignoranz oder gar Provokation signalisiert werden können. Die Wirkung eines Vortrags in einer Gemeinde kann auch davon abhängen, ob ich durch meine Kleidung »professionell« und seriös oder bunt und kreativ, traditionell oder »schräg« wirke. Über die Wahl der Kleidung kann ich zeigen: Ich achte euren Stil, ich biedere mich zwar nicht völlig an, aber ich will auch nicht den Kontrast hervorkehren, sondern sympathisch und respektvoll gegenüber der jeweiligen Kultur wirken, bis hin zu bedeckten Schultern in Kirchen und Kopftuch oder ausgezogenen Schuhen in der Moschee.

Konziliarität –

ein Beziehungskonzept für die Volkskirche

Herbert Lindner

Bei der Erkundung der Innenseite der Volkskirche ist es wie beim Bergwandern: Kaum ist die eine Höhe erklommen, da erscheint die nächste am Horizont. Je weiter die Erkundungen voranschreiten, desto vielfältiger wird das Bild.

Die Pluralität der Konfessionen und Denominationen ist bekannt. In der Mitte des letzten Jahrhunderts sind die ethischen Unterschiede in der Bewertung der Apartheid und der Nachrüstung in aller Schärfe zutage getreten. Dass sich die Mitglieder der evangelischen Kirche in ihrem Teilnahmeverhalten grundlegend unterscheiden, haben die großen Mitgliedschaftsuntersuchungen der EKD gezeigt: Die »Gemeindekirche« hat eine andere Kirchenbindung als die »Kirche bei Gelegenheit« und die Festtagsgemeinde ist wieder anders. Einfache Erklärungen taugen nicht. Die Einteilung nach nah und fern, nach Kern und Rand trifft die Sache nicht.

Im letzten Jahrzehnt haben die Erkenntnisse der Milieuforschung das Bild weiter verfeinert. Wie auch immer die Milieus bezeichnet werden, eines ist allen Ergebnissen gemeinsam: Milieus unterscheiden sich in Bezug auf Lebensstile und Werthaltungen. Jedes Milieu reagiert zunächst mit Fremdheit auf die Kommunikationsweisen der »anderen«. Trennungslinien entstehen. In der Kirche ist das zunächst nicht anders als im alltäglichen Leben.

Die Verschiedenheiten in der Christenheit sind nicht zufällig und auch nicht durchweg auf menschliche Irrwege zurückzuführen. Spannungsvolle Unterschiede begleiteten sie von Anfang an. Durch die erfolgreiche Mission des Paulus unter Menschen nicht-jüdischer Wurzeln entstand der erste tiefgreifende Konflikt der jungen Christenheit zwischen Juden- und Heidenchristen. Paulus und Petrus sind die persönlichen Exponenten dieser Spannung. Das »Apostelkonzil« (Apg 15) bringt schließlich eine Lösung, mit der beide Seiten leben – und glauben – können.

Diese Verschiedenheiten führen auch in der Christenheit immer wieder zu ausschließenden Grenzziehungen und zu Trennungen. Die Sorge um die Einheit und die Bewältigung von Spannungen durchzieht die Kirchengeschichte: Der eine Christusglaube wird bei verschiedenen Menschen, in verschiedenen Zeiten und Ländern konkret und damit grundlegend plural. Dennoch ist er der Glaube an den einen Christus. Denn es ist ein Herr, ein Glaube, eine Taufe (Eph 4,5).

Paulus hat im Bild vom Leib Christi versucht, die – nicht zuletzt durch sein Wirken entstandene – Pluralität zu verstehen und zu würdigen und die Verschiedenheiten fruchtbar zu machen. Wie ein Leib aus einem Zusammenspiel der unterschiedlichen Organe besteht, so ist die Christenheit die Funktionsgemeinschaft der Verschiedenen, die eben durch ihre Verschiedenheit zur Wirksamkeit des Christusleibes beiträgt. Damit wird die Verschiedenheit bejaht, aber ihre Tendenz zur Abschließung und zur Selbstbezogenheit bekämpft. Denn der gleiche Paulus erhebt den Anspruch, dass in diesem Christusleib die Verschiedenheiten nicht das letzte Wort haben: »Hier ist nicht Jude noch Grieche, hier ist nicht Sklave noch Freier, hier ist nicht Mann noch Frau; ihr seid allesamt einer in Christus Jesus« (Gal 2,28).

Perspektivpunkt der Einheit in Verschiedenheit ist und bleibt Christus. Dies führt eben nicht zur Einheitlichkeit, verstanden als die Dominanz oder die »Leitkultur« einer einzigen Ausprägung des Christusglaubens. Aber wie diese auf Christus bezogenen Vielfalt ausgestaltet wird, muss immer wieder neu erprobt werden. In diesem Ringen hat ein Urbild der Suche nach Einheit und Wahrheit aus der Tradition der Kirche eine neue Bedeutung gewonnen: das Konzil.

Das »klassische Konzil« der Kirchengeschichte hat Kennzeichen:

Menschen aus verschiedenen Lagern, Regionen und Positionen kommen mit ihrer unterschiedlichen Geschichte in repräsentativer Auswahl angesichts einer wichtigen Frage zusammen, deren kontroverse Beantwortung die Gemeinschaft zu spalten droht.

Sie fragen nach dem Willen Gottes, getragen von einem spirituellem Leben im Gottesdienst und mit der Bitte um den Geist.

Sie führen einen argumentativen, öffentlichen Streit um die Wahrheit mit dem Ziel des Konsenses.

Ihre Ergebnisse sind vorläufig, denn in der Rezeption »zuhause« beginnt ein neuer Weg.

Dieses Bild hat im letzten Jahrhundert eine neue Kraft entfaltet, um den Herausforderungen zu begegnen, vor denen die weltweite Christenheit stand.

In der Ökumenischen Bewegung ist es wieder lebendig geworden und hat die Beziehungen der Kirchen untereinander gestaltet.

Es half, die Einheit der Kirchen auch angesichts der erbitterten ethischen Kontroversen des letzten Jahrhunderts über die Apartheid und die Nachrüstung zu wahren.

Es hat zum »konziliaren Prozess« für Frieden, Gerechtigkeit und Bewahrung der Schöpfung motiviert.

Als zukunftsfähiges Leitbild kann es dynamische Gemeinden in der Volkskirche gestalten.

Der letzteren Frage soll nun weiter nachgegangen werden.

Tatsache ist: Das »Gemeindeleben« ist bei aller behaupteten Offenheit eine milieuspezifische Auswahl aus der Gesamtheit der Gemeindeglieder. Dies gilt auch für den sonntäglichen Gottesdienst. Er hat den Anspruch, die ganze Gemeinde zu versammeln, ist in der Zusammensetzung seiner Besucher jedoch fast ausschließlich ein Zielgruppengottesdienst. Die Feste des Kirchenjahres ziehen den Kreis weiter und am weitesten ist die Resonanz bei den Amtshandlungen.

Die gegenseitigen Wahrnehmungen sind nicht immer freundlich. Gott sei Dank sind die Zeiten vorbei, in denen etwa die vielen Besucher der Weihnachtsgottesdienste laute oder leise Beschimpfungen ertragen mussten, warum sie jetzt gerade zuhauf kommen, begehrte Plätze belegen und unterm Jahr die Kirche meiden. Aber bei den regelmäßigen Besuchern und manchen Hauptberuflichen bleibt doch der leise Zweifel, ob deren Motive für ihren Besuch wirklich so lauter sind … Umgekehrt vermissen manche Festtagsbesucher bei den regelmäßigen Kirchgängern lebenspraktische Konsequenzen und stellen ihrerseits die Tragweite traditioneller Motive in Frage.

Die Liste der gegenseitigen Zuschreibungen ließe sich fortsetzen. Meistens bleibt es bei latenten Abgrenzungen. Aber im Bereich der Amtshandlungen kann es schon zu manifesten Konflikten über die Liedauswahl, die Riten um die Trauung herum und die Gesamtinszenierung kommen. Ein »Nein« wirkt hier doppelt schmerzlich.

Eine Lösung innerhalb einer Volkskirche wird darin gesucht, eine Vielzahl von Angeboten entlang der verschiedenen Zielgruppen zu machen. Aber wer das wirklich zum alles tragenden Prinzip machen wollte, lässt sich auf ein Hase-Igel-Rennen ein.

Pfarrerinnen und Pfarrer sind in diesen verschiedenen Feldern präsent – und gefragt. Sie müssen diese Spannungen bewältigen. Dazu gehört natürlich auch ein theologisch verantwortetes handlungsleitendes Bild. Im Leitbild der »konziliaren Gemeinde« steht es zur Verfügung.

Die Fragestellung ist in einer Volkskirche mit ihren Gemeinden, die alle Gemeindeglieder an einem Ort umfassen besonders dringlich. Wo es – wie z. B. in den USA – eine Vielzahl von Freiwilligkeitsgemeinden gibt, haben diese jeweils eine milieuspezifische Prägung. Man bleibt auch in der Gemeinde weitgehend »unter sich«. Störungen durch »andere« kommen erst gar nicht auf.

Manche, die unter der Pluralität der Volkskirche leiden, sehen hier einen Lösungsansatz, etwa durch Bildung von Profil- oder Personalgemeinden. Diese sind wesentlich einheitlicher und können daraus durchaus eine hohe Anziehungskraft für Menschen ihres Profils entwickeln. Weil die Bandbreite wesentlich geringer ist, die sie anzusprechen ➜

haben, können sie ihre Kraft und Phantasie gezielter einsetzen. Aber sie schließen bewusst oder unbewusst Menschen anderer Prägung aus. Wenn diese Gemeinden nicht sehr sorgfältig in das Ganze einer Kirche einbezogen werden, besteht die Gefahr, dass der »Markt« entscheidet, welchen Menschen sich christliche Gemeinden zuwenden und welche unbeachtet bleiben.

Eine Lösung innerhalb einer Volkskirche wird darin gesucht, eine Vielzahl von Angeboten entlang der verschiedenen Zielgruppen zu machen. Nun hat es sicher Sinn und ist auch notwendig, die besonderen Bedürfnisse von kleinen und großen Kindern, von Jugendlichen, Familien und alten Menschen zu kennen und aufzunehmen. Aber wer das wirklich zum alles tragenden Prinzip machen wollte, lässt sich auf ein Hase-Igel-Rennen ein. Es ist für eine Kirchengemeinde und auch für eine Region nicht zu gewinnen. So differenziert sich die Zielgruppe der

Die Störung durch das Anderssein des Gegenübers kann auch als Impuls verstanden werden, selbst im Glauben zu wachsen. Sie respektiert die Unmittelbarkeit des Gegenübers zu Gott, die jedes vorschnelle Richten verbietet

Jugendlichen inzwischen in so viele und so rasch wechselnde »Szenen« auf, dass schon die großen kommerziellen Anbieter von Konsumgütern und Freizeitangeboten mit ihren Marketingabteilungen Schwierigkeiten haben, hier mitzukommen. Ähnliches gilt für die Menschen jenseits der 60.

Pluralität kann zu atemlosen Anstrengungen führen, aber auch Angst machen. Die Neigung zu starren Positionen oder zu einem »alles geht« wächst. Die eine Haltung trennt das Fremde ab, die andere geht über es hinweg.

»Konziliarität« führt über diese Alternativen hinaus. Sie ist ein Konzept qualitativen Wachstums. Es vertraut darauf, dass im Christusglauben weit mehr Möglichkeiten angelegt sind, als sie heute von der Kirche und von einzelnen gelebt werden.

Konziliarität ist zunächst eine Haltung. Sie beruht auf der Erkenntnis, dass die Botschaft von der Rechtfertigung allen gilt und dass sie alle nötig haben. Sie versucht zu verstehen, wo und wie sich diese Botschaft in der Biografie der »anderen« finden lässt. Sie erkennt Stärken und Schwächen in der eigenen und in der Glaubensgeschichte der anderen. Die Kirchenmitgliedschaftsuntersuchungen haben zutage gefördert, dass es Glaubenssubstanz auch jenseits der ständigen Teilnahme an den klassischen Angeboten gibt. Bei Gesprächen anlässlich von Amtshandlungen stoßen Pfarrerinnen und Pfarrer nicht selten auf beeindruckende Glaubensbiografien.

Wird der Blick so geweitet, wird klar: Keiner besitzt für sich allein die »Fülle« des Glaubens. Die Störung durch das Anderssein des Gegenübers kann auch als Impuls verstanden werden, selbst im Glauben zu wachsen. Sie respektiert die Unmittelbarkeit des Gegenübers zu Gott, die jedes vorschnelle Richten verbietet (So z. B. Paulus in Röm 14,4).

Damit entsteht eine »konziliare Lerngemeinschaft«. Sie muss sich an den offenkundigen Konflikten und Spannungen bewähren, die sich an den Verschiedenheiten entzünden können.

Vielmehr noch wird sie aber die latenten Konflikte und Beziehungsstörungen wahrnehmen und aufspüren, die die Gemeinden durchziehen. Konziliare Gemeinde zu sein heißt, diese Konflikte wahrzunehmen, anzusprechen und die Verschiedenen miteinander in Beziehung zu bringen. Hier liegt eine Chance der volkskirchlichen Gemeinden. Bei vielen Gelegenheiten treffen in solchen Gemeinden die Verschiedenen aufeinander, sei es bei den Amtshandlungen, den Festen, in den Kindertagesstätten oder in der Nachbarschaftshilfe. Aus dieser Vielfalt kann eine neue Dynamik entstehen.

Eine konziliare Gemeinde erkennt man nicht primär an ihren vielfältigen Aktivitäten und Arbeitsfeldern, sondern an deren Vernetzung. Dahinter steht das Hoffnungsbild, dass sich Gemeinden zu einem lebendigen Netz entwickeln und je länger je mehr das Bild isolierter Inseln mit sporadischem Fährverkehr hinter sich lassen.

Konziliare Gemeinden sind Gemeinden in Kommunikation. Eine der wesentlichen Aufgaben der Gemeindeleitung ist deshalb die Vernetzung der verschiedenen Gruppen und Personen, indem sie miteinander ins Gespräch gebracht werden.

Toleranz reicht nicht zu. Die gemeinsame Suche nach Wachstum und Reife im persönlichen Glauben ist die treffendere Bezeichnung. Es geht um die Stärken der anderen, die sie leben dürfen und in den gemeinsamen Weg einbringen sollen. In der Sprache der Inklusionsdebatte ausgedrückt: Geglückte Inklusion ist weit mehr als »Barrierefreiheit« und die Teilhabe am »normalen« Leben. Sie kommt zum Ziel, wenn alle mehr über das Leben lernen, Dimensionen erfahren, die ihnen bisher fehlen, wenn letztlich sich das Ganze verändert.

Das ist sicher zunächst eine aktuelle Aufgabe der Leitungsverantwortlichen. Aber in der Gemeindepädagogik kann diese Konziliarität angebahnt werden, indem Beziehungen gestiftet und Lebensentwürfe geteilt werden. Der erste entscheidende Schritt ist getan, wenn alle Gemeindeglieder, zuvörderst aber die aktiven, seien sie hauptberuflich oder freiwillig tätig, milieusensibel werden, um ihre eigene Milieubindung zu erkennen und so zwischen der Gestalt und dem Inhalt besser unterscheiden zu können. Dadurch verlieren die (Milieu-) Unterschiede ihre Schärfe und ihre trennende Kraft.

Es ist auch eine Aufgabe für die gemeindliche Kommunikation, z. B. für den Gemeindebrief: Er darf nicht nur »Vereinsnachricht für Mitglieder« sein, bei denen es reicht, Ort und Zeit zu veröffentlichen, weil ohnehin schon alle wissen, worum es geht. Er muss Inhalte vermitteln, die die verschiedenen Glaubensformen ansprechen und zu Wort kommen lassen. Dies kann z. B. geschehen, wenn Identifikationspersonen unterschiedlicher Prägung angeboten werden und die Welt der Kasualien und der Feste gewürdigt wird.

Dieser »konziliare Geist« hat auch Konsequenzen für die Schwerpunktsetzung einer solchen Gemeinde. Sie wird sich nicht mit dem sonntäglichen Gottesdienst und dem überkommenen Angebot von Gruppen und Kreisen begnügen. Sie wird alles daran setzen, milieuübergreifende Angebote zu suchen und entsprechend zu gestalten. Feste des Kirchenjahres und die Amtshandlungen sind solche Bereiche. Felder gemeinsamer Betroffenheit gehören auch dazu: seien es die Mutter-Kind-Gruppe, die Begleitung Trauernder oder die Angebote einer Nachbarschaftshilfe.

Eine besondere Stellung nimmt dabei die Konfirmation ein. An ihr kann exemplarisch deutlich gemacht werden, worum es geht. Sie wendet sich an alle Jugendlichen eines Jahrgangs, welche Schule sie auch besuchen und aus welchen Milieus sie auch stammen. Diese Pluralität gilt es aufzunehmen und zu gestalten. Es entspricht konziliarem Geist, den Schritt von der »Eingliederung in die Gemeindekirche« hin zu einer differenzierten Begleitung junger Menschen auf ihrem je besonderen Lebens- und Glaubensweg zu gehen. Das wird nur gelingen, wenn sich viele Mitarbeitende an der Begleitung der Konfirmandinnen und Konfirmanden beteiligen. Aber die hier aufgewendete Mühe wird sich lohnen, wenn die »Basiskasualie« der Volkskirche alle gleichermaßen im Blick hat, gleichermaßen fördert und einen gemeinsamen Lernweg beginnt.

Kirche als konziliare Gemeinschaft ist ein zukunftsfähiges Leitbild für die Kirche in immer komplexeren Situationen. Es ist ein Beziehungskonzept. Vereinheitlichung nimmt Trennungen in Kauf. Beziehungsloses Nebeneinander widerspricht dem Leib Christi. Die gemeinsame Suche nach der Wahrheit ermöglicht Wachstum im Glauben.

Dr. Herbert Lindner ist Pfarrer i. R. der Evangelisch-Lutherischen Kirche in Bayern sowie apl. Prof. an der Augustana Hochschule Neuendettelsau. Zahlreiche Veröffentlichungen zur Gemeindepraxis und Kirchentheorie, zuletzt zusammen mit Roland Herpich: Kirche am Ort und in der Region – Grundlagen, Instrumente und Beispiele einer Kirchenkreisentwicklung, Stuttgart 2010.

Zurückgeblättert zum Thema dieses Heftes

in: Die Christenlehre 30/1977, 231 ff.

ZUM THEMA TOLERANZ

Mit dem Eintritt in die erste Sozialisierungsphase, in jenem Alter also, wo Kinder nicht mehr für sich allein spielen, sondern sich Beziehungen zu anderen Kindern ergeben, kommt es zu Erfahrungen, dass Ansprüche anderer auftreten, die nicht immer geduldet werden. Das Anderssein und unterschiedliche Wollen von Kindern in der Gruppe fordert die Fähigkeit zu Geduld heraus. (...)
Neben der Artikulation von erfahrener Toleranz und Intoleranz ist das Üben und Praktizieren von Geduld und Dulden in der Unterstufe möglich und nötig, da nur so sich Gruppenbeziehungen herausbilden können. (...) So kann es sein, dass Kinder unterschiedlicher Konfession in einer Klasse sind. Auch tritt der Unterschied zur atheistischen Weltanschauung zutage, so dass im Hinblick auf die Wahrheitsfrage entschiedene Stellungnahme, auch Intoleranz, erlebt wird. Dazu tritt aber die persönliche Toleranz, d. h. Kinder erleben sich trotz unterschiedlicher Weltanschauung als gute Klassenkameraden. (Im späteren Alter gilt zu berücksichtigen,) dass Wissen Toleranz bzw. Ignoranz Intoleranz fördert. Hartwig Daewel

Fotos: LMW

»Ein Weg für die Quelle« wird offiziell am 11. November 2013 (Martinstag) in Leipzig eröffnet und läuft bis zum 6. Januar 2014 (Epiphanias). Die Materialien sind ab September als PDF-Dokument auf der Internetseite des Missionswerkes erhältlich.
www.leipziger-missionswerk.de

Ein Weg für die Quelle

Adventsaktion für eine bessere Wasserversorgung im Hochland von Papua-Neuguinea

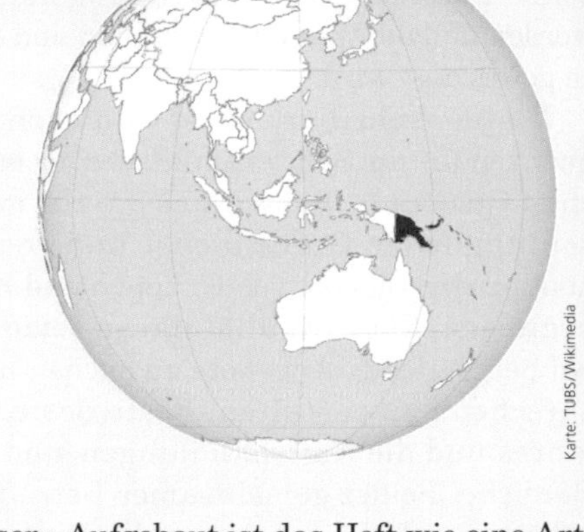

Karte: TUBS/Wikimedia

Antje Lanzendorf

Alle zwei Jahre bitten die Evangelisch-Lutherische Landeskirche Sachsens und das Leipziger Missionswerk (LMW) in der Advents- und Weihnachtszeit um Unterstützung für ein Projekt in einer ihrer Übersee-Partnerkirchen. In diesem Jahr beteiligt sich erstmals die Evangelische Kirche in Mitteldeutschland.

Die Bitte um finanzielle Unterstützung ist allerdings nur ein Aspekt der sogenannten Adventsaktionen. Mindestens genauso wichtig ist, dass sich die Gemeinden und andere kirchliche Einrichtungen mit der Lebenssituation in den Partnerkirchen beschäftigen. Vor allem evangelische Kindertagesstätten, Horte und Grundschulen sind eingeladen, die Materialien der Adventsaktion als Grundlage für das globale Lernen zu nutzen und sich am Beispiel der bestehenden Kirchenpartnerschaften mit Ländern des Südens zu beschäftigen.

Derzeit entstehen – in Kooperation mit den entsprechenden Fachstellen der Trägerkirchen des LMW – pädagogische Bausteine für die fünfte Adventsaktion »Ein Weg für die Quelle«. Sie soll mithelfen, die Wasserversorgung für Hochlanddörfer in Papua-Neuguinea zu verbessern.

Könnten Sie Papua-Neuguinea auf einer Weltkarte zeigen? Neuguinea ist die zweitgrößte Insel der Welt und liegt nordöstlich von Australien. Im Westen befindet sich die zu Indonesien gehörende Provinz West-Papua und im Osten der seit 1975 selbständige Staat Papua-Neuguinea, kurz PNG. Seit 60 Jahren besteht eine Partnerschaft zwischen der evangelisch-lutherischen Kirche in PNG und dem LMW. PNG ist ein grünes Land. Noch bedecken überwiegend unberührte Urwälder die stark zerklüftete Landschaft. Die Topografie erschwert die Entwicklung der Infrastruktur auf der Pazifikinsel. Strom- und Wasserleitungen sind im gebirgigen Hochland nur in den größeren Städten zu finden.

Der Lutherische Entwicklungsdienst (LDS) unterstützt seit einigen Jahren die Planung und den Bau von Wasserleitungen. Oft müssen die Menschen lange Wege auf sich nehmen, um sauberes Wasser von den Bergquellen zu holen. Die üblichen Häuser mit ihren Grasdächern eignen sich nicht, um Regenwasser aufzufangen. Viele Gemeinden haben daher Anträge beim LDS für eine zentrale Zapfstelle im Dorf gestellt. Kleinere Projekte haben einen Kostenumfang von rund 12.000 bis 16.000 Euro. Das Spendenziel für die Adventsaktion liegt bei 50.000 Euro.

Im Mittelpunkt der pädagogischen Materialien steht also das Thema »Wasser«. Aufgebaut ist das Heft wie eine Art Adventskalender. Vom 1. bis 24. Dezember gibt es für jeden Tag eine Aktionsidee, von Andachten, Liedern, Spielen über Geschichten und Bastelideen bis hin zu Rezepten. Außerdem enthält es Informationen zum Land und zum Projekt.

Passend aufgeteilt zu den vier Adventswochen wird das Projekt in vier Phasen veranschaulicht. Am Beginn steht das Sammelbecken, in dem das Wasser aufgefangen wird. Dann kommt der Weg, den das Wasser ins Dorf geleitet wird. In einem Wassertank wird es gespeichert und kann schließlich an der Zapfstelle abgefüllt werden. Die einzelnen Aktionsideen versuchen, diesen Viererklang aus »empfangen und erwarten«, »bewegen«, »sammeln und bewahren« sowie »freuen und danken« aufzunehmen.

Antje Lanzendorf ist Leiterin der Öffentlichkeitsarbeit im Leipziger Missionswerk.

Solidarität lernen? oder: Vom Lernen zur Solidarität

Unterschiede gestalten in globaler Perspektive

Barbara Riek

Anfang Mai 2013 stürzte in Bangladesch eine Textilfabrik ein. In den Trümmern kamen über 1000 Menschen zu Tode, viele wurden schwer verletzt und sind für ihr Leben gezeichnet. Das schlimme Unglück hatte auch in Deutschland eine enorme Medienresonanz. Die Empörung darüber ist groß, dass hier meist junge Frauen an einen Arbeitsplatz gezwungen wurden, der erkennbar unsicher war. Und überall herrschte Genugtuung, als die verantwortlichen Manager und der geflüchtete Hausbesitzer gefasst waren. Der Skandal hatte ein Gesicht – ein fernes Gesicht – und dann kam die nächste Nachricht.

Nur in wenigen Sendungen oder Publikationen wurde darüber berichtet, dass die Näherinnen in der Textilfabrik auch vor dem Unglück kein schönes Leben hatten. Sie mussten zehn bis 16 Stunden am Tag arbeiten, oft sieben Tage in der Woche und dies bei einem Monatslohn von 38 Euro. Ein Leben lang – für viele nur ein kurzes Leben lang, oder bis sie nicht mehr können und dann keinerlei Absicherung haben. Und sie sind nicht die Einzigen, die bis aufs Blut ausgepresst werden. So sind die Verhältnisse in vielen Textilfabriken in Bangladesch oder anderen sogenannten Billiglohnländern.

In der eingestürzten Fabrik wurden Textilien auch für deutsche Handelsketten genäht. Sie bieten die Kleidung zu unschlagbar niedrigen Preisen in deutschen Einkaufsmeilen an.

In Deutschland gibt es kaum noch Textilindustrie; die Produktion wurde ausgelagert – dorthin, wo es billiger ist. Es gehört zu unserem Alltag, Produkte aus aller Herren Länder zu kaufen und oft nicht zu wissen oder wissen zu wollen, woher die Produkte kommen und unter welchen Umständen sie produziert wurden. Das reicht vom Frühstückskaffee über den Computer oder seine Bestandteile am Arbeitsplatz bis zum abendlichen Rotwein aus Südafrika. Jeder und jede ist schon mit kleinen Konsumentscheidungen global vernetzt.

Dazu kommen die weltumspannenden Verbindungen der ›großen‹ Wirtschaft: Geldgeschäfte mit schwer durchschaubaren Folgen in anderen Weltregionen, Verlagerung von Unternehmen in Billiglohnländer, unabsehbare Konsequenzen des Klimawandels weit weg von den Verursachern oder internationale Kommunikationsströme, über die keiner mehr einen Überblick hat. Globalisierung ist Alltag – von den einen als eine faszinierende Erweiterung ihrer Möglichkeiten wahrgenommen, von anderen als Zunahme von Risiken und Bedrohung. Globalisierung ist auf jeden Fall für alle eine Herausforderung für ihr Weltverstehen und ihre Orientierung in der Welt.

Erkennen – Bewerten – Handeln

Eine Antwort auf die Globalisierung ist das ›Globale Lernen‹. Es will Menschen dazu ermutigen und befähigen, sich dieser Herausforderung bewusst zu stellen und sich in einer immer komplexer und unübersichtlicher werdenden Lebenswelt zurechtzufinden. Dafür gibt es keinen definierten und abgeschlossenen Bildungskanon. Deshalb besteht die Anforderung an Lehrende und Lernende vor allem darin, sich auf unsicherem Boden einigermaßen sicher zu bewegen.

Im »Orientierungsrahmen für den Lernbereich Globale Entwicklung« des Bundesministeriums für wirtschaftliche Zusammenarbeit und Entwicklung (BMZ) und der Kultusministerkonferenz sind drei aufeinander aufbauende Kompetenzbereiche beschrieben, die sich in der Praxis des Globalen Lernens mittlerweile bewährt haben: Erkennen – Bewerten – Handeln. Was ist damit gemeint? ➜

Fotos: Brot für die Welt

Damit sich Menschen in der Welt zurechtfinden können, brauchen sie Informationen. Das war schon immer so. Nur reichte früher ein bestimmtes Set an Wissen, um ein meist vorgezeichnetes Leben zu bewältigen. In den letzten Jahrzehnten hat die schiere Menge an zur Verfügung stehenden Informationen zu allen Wissens- und Lebensbereichen enorm zugenommen. Die Kunst besteht darin, sich zielgerichtet Informationen und Wissen zu beschaffen, und vor allem darin, diese Informationen zu sortieren und zu bewerten – je nachdem, was in einer bestimmten Situation und zu einem bestimmten Zeitpunkt gebraucht wird. Es geht darum, Vielfalt zuzulassen, Widersprüche zu erkennen und damit umzugehen und hinter Informationen, Analysen und Streitpunkten die Interessen der jeweiligen Absender zu erkennen. Und es geht darum, Wichtiges von weniger Wichtigem zu unterscheiden und so zu einer Komplexitätsreduktion zu kommen, die Sachverhalte nicht unziemlich verfälscht oder versimplifiziert (Erkennen).

Zum Bewerten gehört, sich die hinter allen Informationen und Analysen (auch den eigenen) stehenden Wertorientierungen bewusst zu machen. Das ist nicht nur legitim, sondern wesentlich, um selbstbewusst (und sich seiner selbst bewusst) in Kommunikation mit anderen zu treten und deren Wertorientierung erkennen, würdigen und reflektieren zu können. Manchmal wird man diese Wertorientierung auch entlarven müssen: Wer hauptsächlich Interesse an möglichst hohem Profit hat, wird die Situation in den Textilfabriken in Bangladesch anders beschreiben und bewerten als jemand, der möchte, dass junge Frauen in Bangladesch oder anderswo gute Lebenschancen und ein vernünftiges Einkommen haben. Die Fähigkeit, sich in andere einzufühlen und deren Perspektive einzunehmen, ist ein wichtiges Ziel des Globalen Lernens. Es ist zugleich Voraussetzung dafür, sich kritisch in die Diskussion um zukunftsfähige Entwicklungswege einzumischen und beurteilen zu können, inwiefern auch die Interessen und Würde von Menschen (auch in fernen Ländern) im Blick sind.

Wer über wichtige globale Entwicklungen Bescheid weiß und Ursachen und Folgen politischer Entscheidungen oder wirtschaftlicher Fehlentwicklungen analysieren kann, wird sich als politisch mündiger Bürger verstehen und sich einmischen (handeln). Die Handlungsmöglichkeiten sind je nach Rahmenbedingungen und Einflussmöglichkeiten sehr unterschiedlich (auch das ist ein wichtiger Erkenntnisschritt) – und die Folgen des eigenen Handelns oder Unterlassens sind nicht immer ausrechenbar oder vorhersehbar. Wesentlich ist jedoch, dass Menschen erkennen, dass auch kleine Schritte wichtige Schritte auf dem Weg zu globaler Gerechtigkeit sein können.

Brot für die Welt – Evangelischer Entwicklungsdienst hat als Entwicklungswerk der Evangelischen Kirchen in Deutschland die Aufgabe, die Entwicklungsbemühungen vieler Organisationen in den Ländern Asiens, Afrikas und Lateinamerikas zu unterstützen. Das Werk will jedoch auch Menschen in Deutschland – in Aktionsgruppen, Kirchengemeinden oder Bildungseinrichtungen – befähigen und unterstützt sie dabei, sich selbstbewusst und engagiert in den Entwicklungsdiskurs einzubringen. Denn eine menschengerechte Entwicklung ist nicht allein Sache von Experten.

Bewusst kaufen

Wichtig ist die Bereitschaft zum Hinsehen. Wer die Nachrichten aus Bangladesch im Kopf hat und mit offenen Augen durch ein Kaufhaus geht, wird einige Fragen haben: Wo kommen die Produkte her, die wir täglich kaufen? Wer hat sie produziert? Wie sind die Produktionsbedingungen? Wie kann es sein, dass ein T-Shirt für fünf Euro angeboten wird? Wer profitiert hier? Und wer erleidet Unrecht?

Man kann mit solchen Fragen zuhause an den Computer gehen und recherchieren. Solche Fragen sind aber auch den Mitarbeitern, besser noch den Verantwortlichen in den Kaufhäusern zumutbar. Wissen wollen wird so zu politischer Einflussnahme. Insistierendes Nachfragen signalisiert: Den Kunden ist es nicht egal, wie es den Näherinnen geht; sie wollen und können die schrecklichen Bilder aus den Nachrichten nicht verdrängen, sondern fragen nach den Ursachen und fordern Veränderung ein. Oder sie gehen dorthin, wo sie die nötigen Informa-

tionen für eine verantwortungsbewusste Kaufentscheidung bekommen und die Gewähr dafür haben, dass das neue Kleidungsstück zwar etwas teurer ist, aber unter menschenwürdigen Bedingungen hergestellt wurde – und damit einen zusätzlichen Wert hat.

Engagieren

Verantwortungsbewusster Einkauf ist ein Handlungsschritt, ein weiterer ist das Engagement in Organisationen, die über Hintergründe informieren und eine Veränderung der politischen und wirtschaftlichen Rahmenbedingungen einfordern. Dazu gehört auch, die Verantwortlichen für Missstände zu benennen.

Die Bereitschaft hinzuschauen und sich einzumischen schafft eine Verbindung zwischen Nord und Süd, zwischen Produzenten und Konsumenten oder zwischen Reichen und Armen auch über große Entfernungen oder große kulturelle Unterschiede hinweg.

Partnerschaften

Viele (kirchliche) Partnerschaftsgruppen bemühen sich um eine eigene Verbindung zwischen Nord und Süd, sich im Dialog einander anzunähern und Verantwortung füreinander zu übernehmen.

Partnerschaften haben das Potenzial, Entwicklungsprobleme und Lösungsansätze am konkreten Beispiel anschaulich zu machen: Wer bei Besuchen erlebt hat, dass es abends kein Wasser zum Duschen gibt, dass die Wege zum nächsten Arzt weit sind, dass der Schulbesuch nicht mehr bezahlbar ist, weil die Gebühren wieder gestiegen sind, dass jeden Tag dasselbe Essen auf den Tisch kommt, weil die Familie sich nichts anderes leisten kann, oder dass der karge Lohn auf einer Plantage nicht zum Überleben reicht, wird nach den Ursachen fragen, wird etwas tun wollen und sich für eine Verbesserung der Situation einsetzen.

Austausch zwischen den Partnern in Nord und Süd kann zu einer Hinterfragung des eigenen Lebensstils führen, vielleicht aber auch einfach zu mehr Sorgsamkeit und Achtsamkeit im Alltag. Austausch zwischen den Partnern in Nord und Süd kann auch zu einer Überprüfung der eigenen Wertvorstellungen führen: Ein sorgsamer Umgang zwischen Jungen und Alten in afrikanischen Gesellschaften oder der gute Zusammenhalt in vielen afrikanischen Gemeinden wird vielen Respekt abnötigen; ein großzügiger Umgang mit der Zeit ist vielleicht nicht auf die eigenen Verhältnisse übertragbar, wird aber vielleicht als interessanter Gegenakzent zur eigenen Hektik empfunden. Eine fröhliche Religiosität trotz materieller Armut lässt manchen anders in die eigene Kirchengemeinde schauen.

Austausch zwischen den Partnern in Nord und Süd kann aber auch dazu beitragen, sich der eigenen Werte sicherer zu werden: Strenge Hierarchien in vielen Gesellschaften oder die Geringachtung von Frauen werden einem den Wert gesellschaftlicher Errungenschaften im eigenen Land ganz neu bewusst machen und einen ermutigen, sich für deren Erhalt und Ausbau einzusetzen – und vielleicht auch den Partnern davon zu erzählen. Oder: Rechtsstaatliche Verfahren gewinnen ein ganz anderes Gewicht, wenn man gesehen hat, dass in vielen Partnerländern Willkür herrscht und das Recht mit Füßen getreten wird.

Bewusster Einkauf oder die Pflege guter Partnerschaft zu einer Partnergemeinde im Süden allein werden große Katastrophen wie die in Bangladesch oder die vielen alltäglichen Katastrophen in anderen Weltgegenden nicht verhindern. Trotzdem hilft es, wenn engagierte Bürger, Initiativen, Aktionsgruppen oder Gemeindegruppen aufmerksam hinschauen, sich informieren und Unrecht erkennen und benennen. Es ist wichtig, dass sie sich kein X für ein U vormachen lassen und erkennen und entlarven, wo vorgeschobene Sachzwänge eine achtsame Politik verhindern oder vermeintliche Alternativlosigkeit die sehr wohl vorhandenen Alternativen verdeckt.

Barbara Riek ist Referentin für Inlandsförderung bei Brot für die Welt – Evangelischer Entwicklungsdienst, Berlin.

Schulgottesdienst feiern

Zu einer Orientierungshilfe der Liturgischen Konferenz

Stephan Philipp

»Schule und Gottesdienst« – wie stehen sie zueinander?

Erfahrung 1: »Das passt super zusammen!« Das Gesicht der Kollegin strahlt. Sie erzählt von ihrer neu gegründeten evangelischen Schule in einem Ostberliner Stadtbezirk, wo sie regelmäßig Gottesdienste der Schulgemeinschaft vorbereitet und miterlebt. Dabei wirken sowohl Lehrerkollegen als auch Eltern mit. Für alle eine beglückende Erfahrung, im Schulalltag auch einmal auf diese Weise miteinander feiern zu können.

Erfahrung 2: Sonntagvormittag in einer großen, alten Stadtkirche ca. 150 km von Berlin entfernt. Einführung eines Schulpfarrers. Eine fröhliche Gemeinde aus Einheimischen und Gästen feiert Gottesdienst und freut sich darüber, dass der neue Schulpfarrer im Religionsunterricht an den städtischen Schulen arbeiten wird. Aufbruchsstimmung ist spürbar. Es sind sogar drei Schülerinnen gekommen. Auch eine Schulleitungsvertreterin wurde gesichtet. Aber sonst: Eher ein marginales Ereignis einer kleinen Gottesdienstgemeinde inmitten der sonntagvormittäglich schlafenden Stadt.

Erfahrung 3: In meiner eigenen Lehrtätigkeit als Schulpfarrer im Religionsunterricht saß ich zweimal erschüttert vor meiner Unterrichtsgruppe: Das erste Mal am Tag nach dem 9. November 1999, als ein Schüler an der Schule in Meißen, die ich selbst einmal besucht hatte, vor den Augen seiner Mitschüler eine Lehrerin mit dem Messer attackiert hatte, die kurz darauf verstarb. Und am Montag nach dem 26. April 2002, als am Erfurter Gutenberg-Gymnasium 16 Menschen von einem Amokläufer getötet wurden. Meine eigene Sprachlosigkeit und die der Schülerinnen und Schüler konnte ich überbrücken mit einer brennenden Kerze und einem kurzen Gebet, das ich spontan sprach. Die Schüler hatte ich zuvor gefragt, ob ich das tun dürfe, da es für mich selbst und vielleicht auch für einige von ihnen hilfreich sei. Nach kurzer Verständigung und in vollem gegenseitigem Einvernehmen entzündete ich dann die Kerze und sprach einige Sätze. Nach einer Stille begannen wir dann mit dem Unterricht.

Dressler, Bernhard (Hg.) (2012): Schulgottesdienst feiern. Eine Orientierungshilfe der Liturgischen Konferenz, Gütersloh: Gütersloher Verlag.

Drei ganz unterschiedliche Erfahrungen: ein Gottesdienst in der Schule, wozu die ganze Schulgemeinschaft eingeladen wird, ein Gemeindegottesdienst in der Kirche, wozu auch die Schule eingeladen wird, sowie eine Andacht mit gottesdienstlichen Elementen hinter verschlossenen Türen in einem Klassenraum. Andere Erfahrungsberichte könnten weitere Möglichkeiten der Verbindung von Schule und Gottesdienst aufzeigen: Es gibt Gemeindegottesdienste zum Schuljahresanfang und zum Schulanfang der 1. Klasse, die in der Kirche neben der Schule gefeiert werden. Es gibt Einladungen in die Kirche oder auf das Kirchengrundstück zum Martinsfest oder in der Adventszeit. Es gibt Religionsunterrichtsgruppen, die Bilder oder kleine Anspiele für einen Gemeindegottesdienst vorbereiten. Und es gibt Pfarrer und Kirchenmusiker, die anlässlich eines Besuchs von Schulklassen in der Kirche bei einem Lied zur Gitarre oder beim Klang der Orgel etwas von dem spürbar werden lassen, was den Glauben für uns Christen wertvoll macht.

Erfahrungen sind immer zufällig (kontingent) und nicht gezielt herbeizuführen und zu garantieren. Dennoch können Zeiten und Räume bewusst geplant und geschaffen werden, in denen Erfahrungen möglich werden. Es ist das Verdienst der Orientierungshilfe »Schulgottesdienste feiern« der Liturgischen Konferenz der EKD, ein systematisches Nachdenken über diesen Gegenstand zu ermöglichen. Denn Schulgottesdienste sind so vielfältig wie

> In der öffentlichen Debatte und in den Medien wird leider viel zu oft der Blick auf Fundamentalisten aller Lager gerichtet, so dass man fast den Eindruck gewinnen kann, als seien übergriffige oder gewalttätige Formen von Religion der Normalfall und deshalb Religionslosigkeit allemal vorzuziehen.

die Orte, wo sie gefeiert werden: ob östlich oder westlich der ehemaligen innerdeutschen Grenze, ob in schulischen oder kirchlichen Räumen, ob in Schulen öffentlicher oder freier konfessioneller Träger, ob durch kirchliche oder schulische Mitarbeiter vorbereitet, ob freiwillig und zusätzlich zur Unterrichtszeit oder angeordnet und innerhalb dieser.

Vielfältig sind auch die Anlässe für Schulgottesdienste, die die Zeit strukturieren (den Jahreskreis oder die Lebenszeit; die wöchentlich, monatlich oder jährlich vorbereitet werden) oder kasuell auf Ereignisse in der Schulgemeinschaft (z. B. einen Todesfall) oder außerhalb (z. B. eine Katastrophe) Bezug nehmen. Es bereitet Freude, sich einmal von diesem kleinen Büchlein vor Augen führen zu lassen, was alles denkbar und möglich ist.

Man merkt: So außergewöhnlich die Anlässe für Schulgottesdienste oder Andachten mit Schülern sein mögen – es ist nichts Ungewöhnliches, mit Schülern zu singen, zu beten und auf Worte der Heiligen Schrift zu hören. Freilich: Es ist ein »heißes Pflaster«, solches im schulischen Kontext zu planen. Deshalb sind die zusammengestellten rechtlichen Regelungen auf den letzten 19 Seiten kein überflüssiger Anhang und nicht zu vernachlässigen. Denn es gilt, einige wesentlichen Unterschiede von schulischem Unterricht und Gottesdienst im Blick zu behalten:

- Gottesdienste sind keine Fortsetzung des Unterrichts mit anderen Mitteln.
- Trotz Schulpflicht muss für die Teilnahme an Gottesdiensten immer Freiwilligkeit gelten.
- Auch wenn im Gottesdienst Christen von ihrem Glauben erzählen, ist er keine Missionsveranstaltung.
- Wenn im Gottesdienst das Tor zur christlichen Gemeinde geöffnet wird, geht es doch nicht darum, Menschen für kirchliche Veranstaltungen zu akquirieren.
- In der Vorbereitung ist immer ökumenisch zu denken: über die Grenzen der eigenen Kirche hinaus auch hin zu anderen Christen, zu den Angehörigen anderer Religionen, ja selbst zu Religionslosen.

Eine Blitzumfrage in einer Gruppe Berliner und Brandenburger Lehrkräfte ergab, dass die klare Mehrheit von ihnen weder in ihrer eigenen Schulzeit noch heutzutage als Lehrer jemals Schulgottesdienste selbst erlebten. Gerade für sie kann ein solches Buch hilfreich sein, weil hier vor Augen geführt wird, was überhaupt möglich ist und welche Erfahrungen es anderswo gibt.

Meine Vermutung und Erwartung ist es, dass religiöse Feiern im schulischen Kontext an Bedeutung zunehmen werden. Das eine ist es dann, solchen wachsenden Bedarf wahrzunehmen und darauf zu reagieren. Etwas anderes wäre es aber, bewusst und aktiv solche Prozesse zu gestalten. Was alles bei der Vorbereitung und Planung von Schulgottesdiensten in den Blick genommen werden könnte und müsste – dazu bietet die Orientierungshilfe der Liturgischen Konferenz eine Fülle an Beispielen und Anregungen.

In der öffentlichen Debatte und in den Medien wird leider viel zu oft der Blick auf Fundamentalisten aller Lager gerichtet, so dass man fast den Eindruck gewinnen kann, als seien übergriffige oder gewalttätige Formen von Religion der Normalfall und deshalb Religionslosigkeit allemal vorzuziehen. Angemessener wäre es aber, den Wert von Religion, den Wert des christlichen Glaubens von seiner Mitte her öffentlich zu zeigen und dazu einzuladen. Mit dem Glauben ist uns ein »Schatz in irdenen Gefäßen« anvertraut (2Kor 4,7). Selbstbewusst und fröhlich können wir diesen Schatz anderen zeigen: Schülern und Lehrern, Schulleitung und Eltern. Und sie einladen, davon zu »kosten« – weil es köstlich ist, den »Sinn und Geschmack fürs Unendliche« (so Friedrich Schleiermacher vor über 200 Jahren über Religion) zu entdecken und zu entwickeln.

Stephan Philipp, Pfarrer, ist Studienleiter für den Evangelischen Religionsunterricht im Amt für kirchliche Dienste in der Evangelischen Kirche Berlin-Brandenburg-schlesische Oberlausitz (EKBO).

Buchtipps für die gemeindepädagogische Praxis

Petra Müller

Das gemeinschaftliche Essen nimmt in Kirchengemeinden eine zentrale Rolle ein – denkt man an die vielen Gemeindefeste, das Kochen mit Kinder- und Jugendgruppen, auf Freizeiten, die Mittagstische, Kaffeetafeln, Kochgruppen, Empfänge, Straßenfeste oder den Kirchenkaffee nach dem Gottesdienst. Unter dem Titel **»Mahlzeit, Gemeinde!«** hat die Evangelisch-Lutherische Kirche in Norddeutschland ein Kochbuch mit Rezepten herausgebracht, die ökologisch, regional und saisonal ausgerichtet sind. Die Gerichte sind auf 20 Personen berechnet.

Kirchliche Tagungshäuser, Kirchengemeinden und Gemeindegruppen aus der Nordkirche haben Rezepte zu diesem Buch beigesteuert. Die Rezepte sind nach möglichen Anlässen geordnet. Für jedes Rezept wurden CO_2-Emmissionen berechnet. Damit steht das Kochbuch auch für Klimafreundlichkeit.

www.bestellung-nordkirche.de oder Tel. 040 306201100
Spiralbindung, 1. Auflage 2013, € 5,00 zzgl. Versandkosten

Das **Materialheft »Ideen und Bausteine für ein Biblisches Dorf«** wurde von sächsischen Gemeindepädagogen erarbeitet. Die zwölf Stationen des biblischen Dorfes, so beispielsweise Karawanserei, Stadttor, Schäferei, Synagoge, Brothaus, Brunnen, sind jeweils von der Intention über theologisch-pädagogische Überlegungen bis hin zur Verlaufsplanung kurz und gut beschrieben. Viele sofort verwendbare Materialien wie Kopiervorlagen, Materiallisten, erprobte Geschichten und Lieder sowie eine CD-ROM bieten ganz praktische Umsetzungshilfen. Zusätzlich sind in dem Material liturgische Entwürfe für ein Mittags- und Abendgebet sowie einen Familiengottesdienst zu finden. Ein Planspiel rundet das Gesamtpaket ab.

Die Sammlung bietet Anregungen für unterschiedlichste Einsatzmöglichkeiten.

TPI Sachsen, Tel. 035207 84506,<lange@tpi-moritzburg>,
(nur wenige Restexemplare) € 10,00 zzgl. Versandkosten

Aus der religionspädagogischen Reihe »Praxis im Quadrat« aus dem Verlag Junge Gemeinde ist auf zwei Bände hinzuweisen. Alle, die auf der Suche nach einem erprobten Entwurf für einen Einschulungsgottesdienst sind, werden im Buch **»Ein zauberhafter Schulanfang«** fündig. Die Autorin **Ute Reckzeh** ist bekannt für ihre praxisnahen Ausführungen.

Zum anderen erschien eine jahrelang als Arbeitshilfe herausgegebene Kinderbibelwoche von **Christine Schulze** in dieser Reihe. Mit **»Dem Rosenwunder auf der Spur«** begegnet man spielerisch Elisabeth von Thüringen.

Ute Reckzeh, Ein zauberhafter Schulanfang –
Verlag Junge Gemeinde, Leinfelden-Echterdingen 2010,
72 Seiten, kartoniert, ISBN 978-3-7797-2064-5, € 10,95

Christine Schulze, Dem Rosenwunder auf der Spur –
Verlag Junge Gemeinde, Leinfelden-Echterdingen 2011,
72 Seiten, kartoniert, ISBN 978-3-7797-2078-2, € 5,00

Schon ein Jahr nach Erscheinen des Buches »Ideenbörse für die Seniorenarbeit«, das großen Zuspruch erfahren hat, legt die Diakonin **Rita Kusch** nun mit der **»Neuen Ideenbörse für die Seniorenarbeit«** einen weiteren Band mit vielfältigen und abwechslungsreichen Impulsen, Materialien und Gesprächsanstößen für die Arbeit mit älteren Menschen vor. In einer kurzen Einleitung werden hilfreiche Infos zur Planung und Durchführung von Seniorenkreisen gegeben. Zwölf ausgearbeitete Themenvorschläge führen durch den Jahreskreis. Alle Ideen kommen aus der Praxis und sind so flexibel zu handhaben, dass jede und jeder sie gut auf die eigene Situation im Seniorenkreis abwandeln kann. Das große Anliegen der Autorin ist es, Beteiligung zu ermöglichen und die älteren Menschen aktiv mit ihrer eigenen Lebenserfahrung einzubeziehen. Auch diesen Band kann ich wärmstens empfehlen – er sollte in keiner Kirchengemeinde fehlen.

Gütersloher Verlagshaus, 2013, 192 Seiten mit CD-ROM
kartoniert, ISBN 978-3-579-06185-6, € 17,99

Ehrenamtliche: ein ungehobener Schatz

Praktisch-strategische Ideen zur Gewinnung Ehrenamtlicher

Edith Höll

Die Ausgangslage

Eine Kirchengemeinde irgendwo im Land sucht Ehrenamtliche – Wie wird gesucht?

So: Wir brauchen dringend jemanden für den Kindergottesdienst. Wen könnten wir von unseren Leuten fragen? Wer lässt sich denn hin und wieder im Gottesdienst blicken? (Wer lässt sich wohl am ehesten überreden?)

Oder so: Das KIGO-Team sucht jemanden, der mit den Kindern bastelt (Erzähler und Musiker gibt es schon). Die Person sollte selbst Kinder im entsprechenden Alter haben, sie soll außerhalb der Kerngemeinde gesucht werden, wir bieten ihr Auslagenersatz, Fortbildung; flexible Teilnahme an den KIGOs. Wir erstellen eine attraktive, kreative Form der Suchanzeige und besuchen Elternabende in der Kindertagesstätte und der Grundschule, legen sie aus beim Kinderarzt, im Sportlerheim, im ...

Auf welche Anfrage würden Sie sich eher einlassen? Wo fühlen Sie sich eher als »Schatz«? Was könnte langfristig zu einem erfüllten Ehrenamt führen? Gibt es denn noch Menschen, die bereit sind sich zu engagieren?

Bundesdeutsche Realität

Der Freiwilligensurvey (FWS) der Bundesregierung stellt fest, dass 1/3 der Bevölkerung sich gerne mehr ehrenamtlich engagieren möchte als bisher. Dies trifft auch auf die Gruppe der Engagiertesten, der 35- bis 45-Jährigen zu.

Aber wie kann Kirche diesen Schatz heben, was begeistert Menschen am Ehrenamt?

Der FWS hat auch hier eine Antwort: Menschen engagieren sich in erster Linie ehrenamtlich, um die Gesellschaft im Kleinen mitzugestalten, um mit netten Menschen zusammenzukommen und um Spaß zu haben. Jüngere Menschen sehen im Ehrenamt zudem die Chance, sich für ihre berufliche Karriere zusätzlich zu qualifizieren.

Psychologisch gesehen könnte man sagen: Werden im Ehrenamt die menschlichen Grundbedürfnisse nach Angenommensein, Geliebtsein und Gebrauchtsein, sowie nach Förderung der eigenen Begabungen, gestillt, wird man zufriedene und langjährig Mitarbeitende haben. Die Erfüllung der Grundbedürfnisse, die man im Beruf und in der Familie oft so nicht erlebt, macht die Attraktivität eines Ehrenamts aus.

Um es konkret zu machen

In einem Kirchspiel mit vier Dörfern hat eine Jugendliche die Idee, einen besonderen Jugendgottesdienst durchzuführen. Bereits die Vorbereitung desselben soll zum Event werden und viele Ehrenamtliche einschließen.

Bei der Einführung der neuen Konfirmanden werden alle Anwesenden zur Mitwirkung eingeladen. Das Besondere daran:

Auf einer Tafel Schokolade wurden alle wichtigen Infos vermerkt. 90 Tafeln wurden verteilt und zum ersten Vortreffen kamen 23 Personen.

Wodurch wurden diese meist jungen Menschen angesprochen?

- Mit den Begriffen »Party« und »Neue Menschen« werden die Aspekte Spaß, Gemeinschaft und Liebe angesprochen.
- »Schönes auf die Beine stellen« spricht die Sehnsucht nach Gestaltung und Veränderung an.
- Wir suchen »dich*« und die Angabe der möglichen Einsatzbereiche öffnen ein weites Feld möglichen Engagements. Die Aufgaben werden dadurch individuell und überschaubar. Jeder kann sich so weit einbringen, wie es die eigenen Fähigkeiten und Zeitkapazitäten erlauben.
- Die zeitliche Begrenzung des Projektes bietet die Sicherheit, danach neu entscheiden zu können: Will ich das nochmals tun oder nicht.

Das Erstaunliche dieses Projekts:
Die Mitarbeitenden waren mit Feuereifer dabei, das Gemeindehaus war beim Jugendgottesdienst voll und die Freude und Zufriedenheit darüber groß.

→

Info: Um den neuen Umgang mit Ehrenamtlichen zu erlernen, gibt es Weiterbildungen zum Freiwilligenmanager (12 Tage) oder zum Ehrenamtslotsen (5 Abende / 1 Wochenende). Diese werden bisher von der hannoverschen und pfälzischen Kirche sowie den hessischen Kirchen angeboten.

Als Dankeschön war ein Dankesabend geplant mit Grillen, Film, Auswertung, Bildern vom Gottesdienst und viel Spaß. Doch zu diesem Abend ist nur die Hälfte der Mitwirkenden gekommen.

Die Freude und die Rückmeldungen, die es direkt im Anschluss an das Ereignis gab, war den meisten wohl genug.

Viele aufmunternde Worte, Schulter klopfen, Freude in den Augen der Teilnehmenden waren Anerkennung pur. Davon zehren die Mitarbeitenden noch heute. Die meisten haben sich daraufhin auch weiter in diesem jährlichen Projekt engagiert.

Anerkennung, aber wie?

Das deckt sich mit dem Abfragen über Anerkennung an anderen Stellen.

Das jährliche Dankesfest sowie die standardisierten Geburtstagsgeschenke werden nicht als Anerkennung gewertet.

Dagegen werden spontane Gesten, Worte zeitnahe wertschätzende Berichte oder Mails und Geschenke, die auf die Person abgestimmt sind, als wahre Anerkennung empfunden. Auch konstruktive Kritik wird als Anerkennung empfunden.

Ebenso werden die Erstattung von Auslagen und Fahrtkosten sowie die Finanzierung von Fortbildungen als Anerkennung gewertet. Dadurch werden Ehrenamtliche mit ihren Begabungen ernst genommen, gefördert, und ihr Engagement belastet sie nicht noch zusätzlich finanziell.

Eine Kultur der Einführung und Verabschiedung in bzw. aus dem Ehrenamt unterstreicht die Wichtigkeit jedes einzelnen Mitarbeitenden. Ehrenamtliche, die diese Form der Anerkennung und Wertschätzung erleben, werden auch weiterhin mit hohem Engagement dabei sein.

Dieser neue Umgang mit Ehrenamtlichen ist für viele Hauptamtliche und Kirchenvorstände eine echte Herausforderung. Das macht sich schon bei der Gewinnung neuer Ehrenamtlicher bemerkbar.

Strategien zur Gewinnung neuer Ehrenamtlicher

Um neue Ehrenamtliche zu gewinnen, braucht es neue Ideen. Die Umsetzung in pfiffige Anzeigen und Werbekampagnen ist der erste Schritt dazu. Wer sich auf diesen Weg begeben will sollte im Vorfeld folgende durchaus schwierige Fragen klären:

NEU

Yvonne Kaiser, Matthias Spenn, Michael Freitag, Thomas Rauschenbach, Mike Corsa (Hrsg.)
Handbuch Jugend. Evangelische Perspektiven.
Eine Veröffentlichung des Comenius-Instituts, Evangelische Arbeitsstätte für Erziehungswissenschaft e.V. und der Arbeitsgemeinschaft der Evangelischen Jugend in Deutschland e.V.
Opladen, Berlin, Toronto: Barbara Budrich 2013. 530 Seiten. 39,90 €. ISBN 978-3-8474-0074-5

Das Handbuch informiert über die Arbeit mit Jugendlichen in den evangelischen Kirchen und der evangelischen Jugendverbandsarbeit und stellt die Bandbreite und Vielfalt der Handlungsfelder und Arbeitsformen umfassend dar. Es zeigt die gesellschaftlichen und kirchlichen Bedingungen sowie die konzeptionellen Zusammenhänge auf und beschreibt aktuelle Entwicklungsperspektiven.

Die Themen Jugend, Jugendliche und Arbeit mit Jugendlichen werden in fachwissenschaftlicher, gesellschaftlicher und kirchlicher Perspektive reflektiert. Ihre Bedeutung für Gesellschaft und Kirchen, die Auswirkungen gesellschaftlicher und kirchlicher Entwicklungen für Jugendliche und für die Arbeit mit Jugendlichen werden herausgearbeitet, die Vielfalt der Praxis evangelischer Arbeit mit Jugendlichen vorgestellt und Anregungen und Orientierungen für die Praxis gegeben.

Mit dem Verlag wurde vereinbart, dass Mitglieder des CI und der aej den Band zu einem ***Sonderpreis*** *von 34,90 € beim CI beziehen können. Dies gilt auch für sämtliche nachgeordneten, unselbständigen Einrichtungen der Landeskirchen sowie deren Ämter und Dienststellen. Bitte schicken Sie hierzu Ihre Bestellung an <versand@comenius.de> unter Nennung des Stichworts „Bestellung Preis für Mitglieder des CI/der aej 34,90 €". Bestellungen zum Sonderpreis sind nicht über den Bookshop möglich.*

Wir suchen genau dich* um eine **PUNS- Jesus Party** zu kreieren.

*wenn du Spaß hast an: Musik, Deko, Theater, Kochen, Schreiben oder Reden

Hunger auf:

Phantasievolle Party

Ungewöhnlich glauben

Neue Menschen

Schönes auf die Beine stellen

?

Start:

1. PUNS-Meeting:
So. 30.05.10 um 17.00Uhr
Gemeindehaus Ober-Widdersheim

Ziel:

PUNS- Jesus Party am
So. 26.09.10 um 17.00Uhr

Spezial im Oktober 2010:
Dankeschönfest für alle Mitwirkenden

Veranstalter:
Ev. Kirchengemeinde Ober-Widdersheim

Infos bei:
Anna Fischer, 06043-6
Edith Höll, 06043- 98

- Welches Ziel verfolgen wir mit unserer Arbeit?
- Worin besteht die Attraktivität, sich für dieses Ehrenamt in unserer Organisation zu engagieren?
- Was genau ist die Aufgabe, welche Fähigkeiten werden gebraucht?
- Welchen Gestaltungsfreiraum wird der/die Ehrenamtliche haben?
- Aus welcher Zielgruppe soll die bzw. der Ehrenamtliche kommen?
- Wie groß wird der zeitliche Umfang sein, wie lange die Dauer des Mitwirkens?
- Gibt es eine Schnupperphase und Einarbeitung?
- Wer wird die neuen Ehrenamtlichen begleiten?
- Was bietet die Organisation an Material, Auslagenerstattung, Fortbildung, Geräten?
- In welcher Form kann die Werbung geschehen?

Beispielsweise könnte für Öffentlichkeitsarbeit mit einem USB-Speicherstick geworben werden, auf dem alle notwendigen Infos über das Ehrenamt zu finden sind.

Einbindung in das Gesamtkonzept

Gewinnung Ehrenamtlicher in dieser Form bedarf einer intensiven Auseinandersetzung mit den Aufgaben, Zielen und Ideen der jeweiligen Gruppe, Gemeinde oder des jeweiligen Ereignisses.

Gerade die Beantwortung der ersten vier Fragen stellt die Grundlage der Werbung dar. Je genauer diese geklärt sind, desto eher findet man die richtigen Ehrenamtlichen. Meistens führt die Auseinandersetzung damit zu ganz grundsätzlichen konzeptionellen Fragen der Gemeinde, der Gruppe oder Einrichtung. In der Tat ist die Beschäftigung mit diesen Fragen Aufgabe eines Kirchenvorstandes. Wir nennen es »das Haus richten!«

Fragen, die ein Vorstand klären muss, um sein Haus zu richten, können sein:

- Welches Selbstverständnis haben wir im Umgang mit unseren Ehrenamtlichen?
- Sind sie Schätze oder Lückenbüßer?
- Suchen wir gabenorientiert oder nach dem Motto: Es muss halt gemacht werden?
- Welches Gesamtkonzept haben wir als Gemeinde, welche Ziele verfolgen wir?
- Welche zeitlichen und finanziellen Ressourcen für die Arbeit mit den Ehrenamtlichen können wir zur Verfügung stellen?
- Ziehen Kirchenvorstand, der Mitarbeitendenkreis und die Ehrenamtlichen der einzelnen Gruppen und Kreise an einem Strang, so werden neue Schätze an Ehrenamtlichen sicher gehoben werden können.

Quelle: Freiwilligensurvey, Bundesministerium für Familien, Senioren, Frauen und Jugend

Edith Höll, Pfarrerin der Ehrenamtsakademie der Evangelischen Kirche in Hessen und Nassau (EKHN) und Freiwilligenmanagerin.

Reformation und Toleranz – Luthers Umgang mit seinen Gegnern

Nikola Schmutzler

Original-Stich von Julián Bastinos (1880)

Martin Luther (1483–1546) war nicht zimperlich, wenn es darum ging, seine Meinung anschaulich zu machen. Er bediente sich einer derben Sprache, die uns heute so fremd ist, dass das von der EKD ausgerufene Themenjahr »Reformation und Toleranz« von allen Seiten als ein schwieriges beschrieben wird, in dem die Protestanten sich kritisch mit ihrer Geschichte auseinanderzusetzen hätten. So im Magazin der EKD zum Themenjahr »Der lange Schatten der Reformation«, wo es heißt: »Es gilt, [...] ein Thema der Scham- und Schuldgeschichte der reformatorischen Kirchen zu benennen. Die Reformation hat – bei allen zu würdigenden Toleranzansätzen – keinen wirklichen Zugang zum Thema Toleranz gefunden. Toleranz gehört nicht zu den Schmuckstücken reformatorischer Kirchengeschichte, hier gibt es keine Heldengeschichten zu erzählen, sondern intolerante Haltungen einzugestehen, die letztlich erst durch die Aufklärung überwunden wurden.« (Gundlach 2013, 4) Bei dieser Sicht muss allerdings betont werden, dass Toleranz kein Begriff der Reformation war und unser Verständnis von Toleranz erst in der Zeit der Aufklärung entstanden ist. Im Bewusstsein dieses Anachronismus ist das Themenjahr doch ein willkommener Anlass, sich mit Martin Luther im Umgang mit seinen Gegnern zu beschäftigen.[1]

Zunächst scheint eine Begriffsbestimmung sinnvoll, um den diffusen Begriff der Toleranz für das Thema dienstbar zu machen. Statt der philosophischen Deutung, wonach Toleranz die Duldung abweichender Meinungen oder Aktivitäten beschreibt, ist der eher im technischen Bereich verwendete Begriff von Toleranz als zulässiger Abweichung tragfähig. Für diesen Artikel wird also folgende Definition zugrunde gelegt: Toleranz ist die Abweichung von der Norm, die die Funktion eines Systems nicht gefährdet.

Mit Hilfe dieser Definition wird auch deutlich, warum aus der ursprünglichen Erneuerungsbewegung eine Kirchenspaltung wurde, weil das »System« (katholische) Kirche durch die »Abweichung« Reformation in ihrer bestehenden Form hinterfragt und gefährdet wurde. Dabei meinte Luther, dass er die Kirche lediglich von über Jahrhunderte angewachsenen Verkrustungen befreite. Doch die Reformation setzte nun neue und eigene Normen und wurde somit ein eigenes »System«. Das geschah in der Anfangszeit der Reformation durch Martin Luther, dessen sogenannte Hauptschriften von 1520 dabei eine zentrale Rolle spielen. Im »Sermon von den guten Werken« (vgl. WA 6, 202–276) stellt Luther den Glauben als das erste und einzig notwendige Werk dar. Doch ist der Glaube kein kognitiver Akt, sondern grundlegendes Vertrauen auf Gott.

1 Es sei hier bemerkt, dass viele andere Reformatoren weniger laut auftraten. Philipp Melanchthon wäre ein Paradebeispiel für Toleranz im aufklärerischen Sinne gewesen.

Im Sommer folgte die Schrift »An den christlichen Adel deutscher Nation, von des christlichen Standes Besserung« (vgl. WA 6, 404–469), in der Luther die drei Mauern Roms beschreibt, die die Papstkirche um Bibel und Glauben errichtet hat und welche fallen müssen: die Überordnung der geistlichen über die weltliche Gewalt – die Unterscheidung in einen weltlichen und einen geistlichen Stand sind unbiblisch – das Exegesemonopol des Papstes und dessen Konzilshoheit. Die Fürsten sind gefordert einzugreifen, weil der Klerus versagt hat. Im zweiten Teil folgt ein Reformprogramm, das eine Kurienreform vorsieht und eine Bildungsreform fordert, wobei Mädchen das gleiche Recht auf Bildung erhalten sollen wie Jungen. Außerdem wird eine deutsche Nationalkirche verlangt.

Im Oktober erschien die Schrift »De captivitate Babylonica ecclesiae praeludium« (vgl. WA 6, 497–573), sie befasst sich mit den Sakramenten. Von den in der Kirche üblichen Sieben beließ es Luther bei Zweien, die Taufe und das Abendmahl, die die Bedingungen erfüllten, von Jesus eingesetzt und mit einem sichtbaren Zeichen versehen zu sein. Lange umstritten blieb die Buße, die Luther hochschätzte und die in den Bekenntnisschriften teilweise als Sakrament benannt wird, der aber das sichtbare Zeichen fehlt.

»Von der Freiheit eines Christenmenschen« (vgl. WA 7, 20–38) ist die Schrift von der Rechtfertigung, die ausgehend von dem Satz: »Ein Christenmensch ist ein freier Herr über alle Dinge und niemandem untertan; und ein Christenmensch ist ein dienstbarer Knecht aller Dinge und jedermann untertan« (ebd., 21) die Rechtfertigungslehre und ihre Folgen entwickelt. Ein Christ ist durch die Barmherzigkeit und den Kreuzestod Christi von allen seinen Sünden befreit. Aus dieser geschenkten Freiheit ergibt sich der Wunsch und das Bedürfnis, anderen zu dienen, nicht um das Seelenheil zu erlangen, sondern weil ihm das Seelenheil durch Christus geschenkt wurde.

Interessant bei diesen Schriften ist die Beobachtung, wie unterschiedlich Luther den Papst darstellt. In der Adelsschrift bezeichnet er diesen ohne Bedenken als Antichristen (vgl. WA 6, 434). In dem Sendbrief an Papst Leo X. (vgl. WA 7, 3–11), der der Freiheitsschrift vorangestellt war, umwirbt Luther den Papst dagegen mit den freundlichsten Worten.

Der Sendbrief und die Freiheitsschrift waren durch Vermittlungen des päpstlichen Legaten Karl von Miltitz entstanden, um den drohenden Ketzerprozess – die Bannandrohungsbulle »Exsurge Domine« war bereits veröffentlicht – noch friedlich abwenden zu können, also eine Art Friedensangebot. Der Sendbrief ist ein Zeichen dafür, dass Luther bereit war, Zugeständnisse zu machen, wenn er nicht Positionen aufgeben sollte, die ihm als unabdingbar erschienen.

Die von Luther gewonnenen Erkenntnisse lassen sich gut in den vier *soli* zusammenfassen. Über allem steht *solus Christus* – allein Christus. Auf ihn ist alles bezogen, allein die Person, das Wirken und die Lehre Jesu Christi können Grundlage für den Glauben und die Errettung des Menschen sein.

Sola fide – allein durch den Glauben an Jesus Christus und nicht durch Vertrauen auf sich selbst wird der Mensch gerechtfertigt.

Sola gratia – allein durch die Gnade Gottes wird der glaubende Mensch errettet, nicht durch seine Werke, das Heil ist und bleibt ein Geschenk Gottes.

Sola scriptura – allein die Schrift ist die Grundlage des christlichen Glaubens, sie ist Maßstab und Norm, nicht die kirchliche Tradition. Damit wird aber kein Biblizismus begründet.

Mit diesen Eckpunkten war das »System« Reformation weit abgesteckt. Innerhalb dessen gab es nun ausgedehnte Spielräume, die sich erst im Laufe der Zeit als mit der Reformation vereinbar erwiesen oder nicht, also Lehren und Themen, bei denen Luther Toleranz übte, und andere, gegen die er sich klar abgrenzte. Dabei kann man eine innere und eine äußere Abgrenzung unterscheiden.

Bei der inneren Abgrenzung galt es zunächst, einige radikale Strömungen zu bremsen. Als unter Andreas Bodenstein (aus) Karlstadt (1482–1541) während Luthers Aufenthalt auf der Wartburg die Wittenberger Bevölkerung gezwungen wurde, das Abendmahl unter beiderlei Gestalt zu empfangen, wie Luther es in *De captivitate* forderte, und die Heiligenbilder in den Kirchen zerschlagen und verbrannt wurden, um das Bilderverbot des 2. Gebots (Ex 20, 4–6) zu erfüllen, verließ Luther trotz Lebensgefahr die Wartburg, um dem Einhalt zu gebieten (vgl. die Invocavitpredigten 9.–16.3.1522; Acht Sermone gepredigt zu Wittenberg in der Fastenzeit, WA 10, III, 1–64). Zu schnell wurden die Menschen gezwungen, die neuen Erkenntnisse aus dem »neuen Glauben« anzunehmen. Nicht der Inhalt war falsch, aber die Art und Weise der Reformen, da sie die Liebe vermissen ließen und keine Rücksicht auf die Schwachen nahmen. Der neue Glaube sollte aber nicht mit Gewalt durchgesetzt werden, sondern aus dem Hören der Predigt erwachsen – *non vi, sed verbo.* Mit dieser Intoleranz gegen radikale Forderungen schützte Luther das Gewissen der Menschen, gleichzeitig bestimmte er damit den Charakter der Reformation als organisches Wachsen. ➜

Luthers Haltung im Bauernkrieg brachte ihm in der DDR-Geschichtsschreibung den Schimpfnamen »Fürstenknecht« ein, dagegen wurde Thomas Müntzer (1498–1525) als sozialistischer Revolutionär aufgebaut. Beide Darstellungen sind unzureichend und ideologisch bestimmt gewesen.[2]

Die Bauernaufstände begannen am Oberrhein und breiteten sich schnell bis nach Thüringen aus. Die Programmschrift »Die Zwölf Artikel«, die die Reformforderungen der Bauern enthielten, entstanden im März 1525 in Memmingen. Ausgehend von der reformatorischen Predigt von der evangelischen Freiheit und der Gleichheit aller Menschen vor Gott, forderten sie u. a. freie Pfarrwahl, die Abschaffung von Leibeigenschaft und Frondiensten, dazu die freie Nutzung von Wäldern, Wiesen und Gewässern. (vgl. http://stadtarchiv.memmingen.de/918.html. [26.4.2013]). Luther antwortete mit der »Ermahnung zum Frieden auf die zwölf Artikel der Bauernschaft in Schwaben« (vgl. WA 18, 291–334), in der er einige Forderungen der Bauern unterstützte und den Fürsten die Hauptschuld an den Verhältnissen zueignete, zugleich aber darauf hinwies, dass es um weltliches Recht ginge und die Bauern sich deshalb nicht auf Gottes Wort berufen dürften, beide Parteien sollten sich durch ein Schiedsgericht einigen. Als sich die Lage nicht beruhigte, sondern mit der Weinsberger Bluttat weiter verschärfte, gab Luther die »Ermahnung« ein weiteres Mal heraus, versehen mit einem Anhang »Auch wider die räuberischen und mörderischen Rotten der anderen Bauern« (vgl. WA 18, 357–361), in denen er die Fürsten auffordert, dem Bauernkrieg Einhalt zu gebieten. Der Anhang wurde separat gedruckt und verbreitet und prägt bis heute das Bild der Haltung Luthers im Bauernkrieg. Tatsächlich entwickelte sich der Trägerkreis der Reformation von der Bevölkerung weg hin zu den Fürsten. Luthers Haltung war geprägt von seiner Auffassung, dass die Reformation ein geistliches, kein weltliches Geschehen sei und sich innerhalb der vorgegebenen weltlichen Ordnung zu vollziehen habe.

Gegen die Schweizer Bewegung der Reformation wendete sich Luther erst nach dem Scheitern der Marburger Religionsgespräche 1529. Philipp von Hessen wollte die reformatorischen Strömungen einen, um ein starkes Bündnis gegen Kaiser Karl V. zu erhalten. In allen Punkten konnten sich Luther und Huldrych Zwingli (1484–1531) einigen, nur bei der Frage nach dem Abendmahl blieben unüberbrückbare Ansichten stehen. Während Zwingli im Abendmahl lediglich eine Symbolhandlung sah, die der Erinnerung diente, betonte Luther die Realpräsenz und die Heilsnotwendigkeit. Da es in diesem für Luther unaufgebbarem Punkt keine Einigung gab, sah er den Schweizer Weg als Irrweg an, den es verbal zu bekämpfen galt.

Anders verhielt sich Luther bei Dingen, von denen er nicht das Seelenheil der Menschen abhängig sah. Das lässt sich gut an der »Deutschen Messe« (vgl. WA 19, 72–113) erkennen. Lange hatte sich Luther geweigert, eine Gottesdienstordnung zu verfassen. Erst als das Drängen und der Wunsch nach einem deutschen Gottesdienst immer stärker wurden, veröffentlichte Luther 1526 die Deutsche Messe, wies aber bereits im Vorwort eindringlich darauf hin, dass aus dieser Ordnung kein Gesetz zu machen sei, auch dass die Wittenbergische Ordnung nicht für das ganze Reich Gültigkeit beanspruche. In das Zentrum des Gottesdienstes rückt die Predigt, das Abendmahl wird in den Gottesdienst integriert und die Gemeinde singt, für diesen Zweck hat Luther viele Lieder gemacht.

Beredtes Zeichen für Luthers Freiheit in »äußerlichen Dingen« ist auch der Brief, den er an den Propst der Nikolaikirche in Berlin Georg Buchholzer (1495–1566) schrieb. Auf die Frage, wie sich Buchholzer angesichts der von Joachim II. in Brandenburg eingeführten Kirchenordnung verhalten solle, antwortete Luther, dass er getrost alles Verlangte tun könne, wenn der Kurfürst ihn »will das Evangelium Christi lauter, klar und rein predigen lassen, ohne menschlichen Zusatz, und die beiden Sakramente der Taufe und des Bluts Jesu Christi nach seiner Einsetzung reichen und geben lassen.« (WA Br 8, 625 f. Nr 3421. Der Brief ist auf den 4. [5.] Dezember 1539 datiert.)

Die lautere und reine Predigt des Evangelium[s] Christi war für Luther das A und O der Reformation. Da die spätmittelalterlichen Predigten häufig nacherzählte Heiligenlegenden und erbauliche Geschichten waren, waren die wenigsten Menschen mit der Bibel und ihrer Botschaft, dem Evangelium vertraut. Hier sah Luther dringenden Handlungsbedarf, deshalb forderte er auch eine Mindestbildung für Geistliche. Als Luther während der Visitationen 1528/29 erschreckende Verhältnisse in den Pfarreien vorfand, entstanden als Reaktion der Große und der Kleine Katechismus als Lehrgrundlage für Pfarrer und Hausväter. Es wurden auch Bildertafeln gedruckt und in den Kirchen aufgehängt, damit selbst die des Lesens Unkundigen sich die Inhalte einprägen konnten. Diese Praxis sollte zur religiösen Mündigkeit und damit zur evangelischen Freiheit führen.

2 Die für den Bauernkrieg nicht unerhebliche Beziehung von Luther und Müntzer kann aufgrund der gebotenen Kürze hier nicht dargestellt werden.

Bei den äußeren Abgrenzungen sind zunächst die Altgläubigen oder die Papisten zu nennen. Schon in der frühen Phase 1520 verglich Luther den Papst und die Kurie mit dem Teufel und dem Höllengesindel. Nach seiner reformatorischen Entdeckung war für Luther schnell klar, dass der von der römischen Kirche vorgegebene und praktizierte Glaube gegen Gottes Gebot, seinen Willen und das Evangelium seien. Sündenerlass und Seelenheil gegen Geld waren dabei nur ein Punkt, den er heftig kritisierte und als nicht evangeliumsgemäß auswies. Wo Luther den Tatbestand erfüllt sah, dass die Kirche die Freiheit des Evangeliums unterdrückte und die Gläubigen um ihr Seelenheil betrog, fand er harte Worte. Seine verbalen Angriffe waren allerdings kein Alleinstellungsmerkmal, in der Wortwahl standen ihm seine Gegner in nichts nach. Besonders anschaulich machen das Flugblätter aus dieser Zeit.

Das für die evangelisch-lutherische Kirche heute schwerste Erbe sind Luthers Spätschriften über die Juden. In ausfälliger Weise und hasserfüllter Polemik verdammt er 1543 in »Von den Juden und ihren Lügen« (vgl. WA 53, 417–552.)[3] die Juden uneingeschränkt und ruft zu ihrer Verfolgung auf. Die Haltung Luthers zu den Juden veränderte sich zu seinen Lebzeiten allerdings immer wieder.

Luther unterschied zunächst zwischen theologischen Auseinandersetzungen und dem politischen Umgang mit den Juden. Dabei stellte er fest, dass ein Bekehrungszwang sinnlos sei, da Gott selbst die Juden verstockt habe. In der Schrift »Dass Jesus Christus ein geborener Jude sei« (1523) (vgl. WA 11, 314–336) erläuterte er, dass den Juden Christus vorenthalten worden sei, so dass sie sich nicht hätten bekehren können, nun aber stehe der Weg zu Christus durch die Bibelübersetzung offen. Als sich die Juden trotzdem nicht bekehrten, veränderte sich der Ton Luthers, 1533 forderte er noch, die Juden zu dulden, 1536 deren Vertreibung, und 1543 folgte in der oben genannten Schrift die Behauptung, dass der Gedanke des erwählten Volkes falsch sei, sie seien alle Sünder, verknüpft mit der Forderung, die bestehenden Repressalien zu verschärfen. Dass die Spätschriften Luthers insgesamt diesen bösenpolemischen Zug tragen, ist bei ihrer Einordnung zu bedenken.

In den Spätschriften kommt die Enttäuschung zum Ausdruck, dass nicht alle die freimachende Erkenntnis, wie Luther sie hatte, gewannen und teilten, sondern andere Wege zum Seelenheil suchten und gingen. Zudem muss ergänzt werden, dass sich Luthers Forderungen nur in der ersten Zeit, als er sich positiv zu den Juden verhielt, von Äußerungen seiner Zeit unterschieden. Es vermischte sich seine Enttäuschung über die andauernde »Verstockung« der Juden mit der damals üblichen antijudaistischen Attitüde.

Luthers Umgang mit seinen Gegnern war geprägt von der Frage nach dem rechten Christsein, es ging um nicht weniger als das Seelenheil. Wer den Menschen den Weg zu Gott verstellt oder einen – nach Luthers Meinung – falschen Weg zu Gott zeigt, sorgt dafür, dass sie ihres Seelenheils verlustig werden und »zur Hölle fahren« (Ps 9,18) müssen. Vor dieser Gefahr musste gewarnt werden. Auseinandersetzungen hat er dabei nicht gescheut und sie mit spitzer Feder und scharfem Verstand bestritten. Die Schärfe der Worte war bei dem, was auf dem Spiel stand, angemessen. Luthers Werk ist aber nicht bestimmt von dem Umgang mit seinen Gegnern, sondern von der Erkenntnis der Erlösung der Christen durch die Gnade Gottes, die die Christen freimacht. Diese Freiheit vom Gesetz ist gebunden in der Liebe und dem Dienst am Nächsten (vgl. Deutsche Messe, WA 19, 72). Diese Weite, wie sie sich schon in den altkirchlichen Dogmen findet, ist auch in den Bekenntnisschriften wiederzufinden; es wird der weitmöglichste Rahmen abgesteckt.

Martin Luther war der Reformator, der den evangelischen Weg zu Gott aufzeigte und einen Rahmen vorgab, nicht mehr und nicht weniger.

Heute ist es an uns zu prüfen, abzuwägen und zu entscheiden, was das »System« Evangelische Kirche gefährdet von innen und von außen oder was zu seiner Vielfalt beiträgt. Dabei sollten wir einen wachen Verstand und ein weites Herz haben in dem Wissen, dass wir nicht die Kirche Martin Luthers sind, sondern die Kirche Jesu Christi.

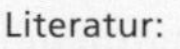

Dr. Nikola Schmutzler ist wissenschaftliche Mitarbeiterin am Institut für Kirchengeschichte der Theologischen Fakultät der Universität Leipzig.

Literatur:

Gundlach, Thies (2013): Verdunkelter Christus. Mühsam erkämpften Aufklärer Toleranz gegen die verfasste Kirche. In: Schatten der Reformation. Der lange Weg zur Toleranz. Das Magazin zum Themenjahr 2013 Reformation und Toleranz, hrsg. von der EKD.

D. Martin Luther, Werke, kritische Gesamtausgabe, Schriften, Bd. 1 ff., Weimar 1883 ff. (Zitiert: WA.)

D. Martin Luther, Werke, kritische Gesamtausgabe, Briefwechsel, Bd. 1 ff., Weimar 1930–1985. (Zitiert: WA Br.)

3 Dieser Text erfuhr damals allerdings keine weite Verbreitung und wurde erst von den antisemitischen Strömungen im 19. und 20. Jahrhundert wiederentdeckt.

IMPRESSUM

PRAXIS GEMEINDEPÄDAGOGIK (PGP)
ehemals »Christenlehre/Religionsunterricht–PRAXIS«
ehemals »Die Christenlehre«

66. Jahrgang 2013, Heft 3

Herausgeber:
Amt für kirchliche Dienste in der Evangelischen Kirche Berlin-Brandenburg-schlesische Oberlausitz
Pädagogisch-Theologische Institut der Nordkirche
Theologisch-Pädagogisches Institut der Evangelisch-Lutherischen Landeskirche Sachsens
Pädagogisch-Theologisches Institut der Evangelischen Kirche in Mitteldeutschland und der Evangelischen Landeskirche Anhalts

Anschrift der Redaktion:
Matthias Spenn, c/o Evangelische Verlagsanstalt GmbH, »PGP-Redaktion«, Blumenstraße 76, 04155 Leipzig, E-Mail ‹redaktion@praxis-gemeindepaedagogik.de›

Redaktionskreis:
Prof. Dr. Beate Hofmann, Evangelische Hochschule Nürnberg, Bärenschanzstraße 4, 90429 Nürnberg
Wolfgang Lange, TPI der Ev.-Luth. Landeskirche Sachsens, Bahnhofstraße 9, 01468 Moritzburg
Petra Müller, Fachstelle Alter der Ev.-Luth. Kirche in Norddeutschland, Gartenstraße 20, 24103 Kiel
Prof. Dr. Nicole Piroth, Hochschule Hannover, Blumhardtstraße 2, 30625 Hannover
Matthias Röhm, Amt für kirchliche Dienste in der Ev. Kirche Berlin-Brandenburg-schlesische Oberlausitz, Goethestraße 26–30, 10625 Berlin
Dorothee Schneider, PTI der Ev. Kirche in Mitteldeutschland und der Landeskirche Anhalts, Zinzendorfplatz 3, 99192 Neudietendorf
Matthias Spenn, Amt für kirchliche Dienste in der Ev. Kirche Berlin-Brandenburg-schlesische Oberlausitz, Goethestraße 26–30, 10625 Berlin
Redaktionsassistenz: Sophie Koenig

Verlag: Evangelische Verlagsanstalt GmbH, Blumenstraße 76, 04155 Leipzig, www.eva-leipzig.de
Geschäftsführung: Arnd Brummer, Sebastian Knöfel

Gestaltung/Satz: Jens Luniak, Evangelisches Medienhaus GmbH, E-Mail ‹luniak@emh-leipzig.de›

Druck: Druckerei Böhlau, Ranftsche Gasse 14, 04103 Leipzig

Anzeigen: Rainer Ott · Media | Buch- und Werbeservice, PF 1224, 76758 Rülzheim, Tel. (0 72 72) 91 93 19, Fax (0 72 72) 91 93 20, E-Mail ‹ott@ottmedia.com›
Es gilt die Anzeigenpreisliste Nr. 10 vom 1.1.2008

Abo-Service: Christine Herrmann, Evangelisches Medienhaus GmbH, Telefon (03 41) 7 11 41 22, Fax (03 41) 7 11 41 50, E-Mail ‹herrmann@emh-leipzig.de›

Bezugsbedingungen: Erscheinungsweise viermal jährlich, jeweils im 1. Monat des Quartals. Das Jahresabonnement umfasst die Lieferung von vier Heften sowie den persönlichen Zugriffscode für den Download der kompletten Hefte ab 01/2005. Das Abonnement verlängert sich um 12 Monate, wenn bis zu einem Monat vor Ende des Kalenderjahres keine Abbestellung vorliegt.

Bitte Abo-Anschrift prüfen und jede Änderung dem Abo-Service mitteilen. Die Post sendet Zeitschriften nicht nach.

ISSN 1860-6946
ISBN 978-3-374-03200-6

Preise*: Jahresabonnement (inkl. Zustellung):
Inland € 36,00 (inkl. MwSt.), EU-Ausland € 42,00, Nicht-EU-Ausland € 46,00; Rabatte – gegen jährlichen Nachweis: Studenten 35 Prozent; Vikare 20 Prozent;
Einzelheft (zuzüglich Zustellung): € 12,00 (inkl. MwSt.)
* Stand 01.01.2013, Preisänderungen vorbehalten

Die in der Zeitschrift veröffentlichten Beiträge sind urheberrechtlich geschützt. Kein Teil der Zeitschrift darf ohne schriftliche Genehmigung des Verlages in irgendeiner Form reproduziert werden.

Unsere nächste PGP-Ausgabe erscheint im Oktober 2013
Anzeigenannahmeschluss ist der 13. September 2013.

Als ökumenische Lerngemeinschaft unterwegs?

Götz Doyé

Das 11. Symposium des »Arbeitskreis Gemeindepädagogik e. V.« im März 2013 in Magdeburg wollte das Gespräch »zwischen evangelischer Gemeindepädagogik und katholischer Pastoraltheologie« intensivieren.

Wie sinnvoll ist es, das Bildungshandeln der Kirche angesichts einer weithin säkularen Gesellschaft noch konfessionell zu begründen und Praxis entsprechend zu gestalten? Sind unsere Kirchen in der Lage, sich aus der Fixierung auf die alleinige Sozialform »Gemeinde« und die dort vertretenen Milieus zu lösen zugunsten einer »aufgabenorientierten« Bildungsarbeit? Unter der Überschrift »Erschließung neuer pastoraler Räume« hat seit einigen Jahren in den katholischen Bistümern ein Prozess begonnen, der nach Orten und Anlässen sucht, das Evangelium so zu kommunizieren, dass es Menschen bei der Bewältigung ihrer Lebensanforderungen hilft. Dabei kann dann nicht zuerst das Ziel sein, »lebendige Gemeinde« zu erhalten oder zu schaffen, sondern ein menschendienliches Handeln inmitten heutiger Lebenswirklichkeit. Eine Festlegung auf die Sozialform »Ortsgemeinde« kann da eher einschränkend sein.

Im Prozess einer »Dienstleistungspastoral« kann es zur Gestaltung sehr unterschiedlicher »pastoraler Räume« kommen. Prof. Dr. Hans Hobelsberger (Katholische Hochschule NRW/Paderborn) stellte seinen Vortrag, in dem er über entsprechende Diskurse in der katholische Pastoraltheologie berichtete, unter die programmatische Überschrift: »Wie können wir gemeinsam die Gottesfrage beantworten?« Gemeinsamer Bezugspunkt könnte dabei z. B. die in den Sozial- und Kulturwissenschaften seit den 1980er Jahren neue Beachtung des »Raumes« sein *(spatial turn)*. Raum nicht nur als begrenzter materialer Raum, sondern als Raumwahrnehmung von Menschen in sozialen Beziehungen. Notwendig im Bildungshandeln der Kirche sei es, die Spannung von strukturell verfasster Kirche und einer an den Lebensanforderungen der Menschen orientierten pastoralen Praxis auszuhalten und konstruktiv zu gestalten. Er erinnerte dabei an richtungweisende Dokumente des Zweiten Vatikanischen Konzils, die in der Gemeindepädagogik leider kaum rezipiert werden.

Ein Bericht zur Situation im Bistum Magdeburg zeigte, wie erforderlich notwendige Prozesse der Veränderung sind, speziell auch durch die Auswirkungen des demografischen Wandels in den Gemeinden. Abgesehen von einer unterschiedlichen Terminologie (z. B. nicht Gemeindepädagogen sondern Pastoralreferenten) wurde die große Vergleichbarkeit der Verlegenheiten und Herausforderungen deutlich, ganz unabhängig von konfessionellen Prägungen.

Im zweiten Hauptreferat »Ökumenisch ausgerichtete gemeindepädagogische Bildungsarbeit – ein Vision« verwies Prof. Dr. Ulrich Schwab (Theologische Fakultät München) auf die in letzter Zeit gewachsenen Gemeinsamkeiten speziell in der Bildungsarbeit mit Kindern und Jugendlichen, eher zurückhaltend in der Erwachsenenbildung. Schwab forderte dazu auf, noch deutlicher als bisher im konfessionellen Miteinander Kirche im 21. Jahrhundert in der Gesellschaft präsent zu halten. Gerade Bildungsprozesse böten die Möglichkeit, sich nicht an kirchenamtlich verordnete Grenzen zu halten, sondern das Evangelium miteinander zu kommunizieren. Eine milieusensible Gemeindepädagogik kann künftig ökumenische Gemeinsamkeiten nicht außer Acht lassen.

Weitere Informationen:
www.ak-gemeindepaedagogik.de, Stichwort Symposien

Prof. Dr. Götz Doyé ist Vorstandsvorsitzender des Arbeitskreises Gemeindepädagogik e. V.

Sebastian Engelbrecht
Beste Freunde
Als Deutscher in Israel
152 Seiten | 13,5 x 19 cm | Paperback
ISBN 978-3-374-03161-0 € 14,80 [D]

Die Debatte um das israelkritische Grass-Gedicht »Was gesagt werden muss« und die Diskussion über die Beschneidung haben ans Licht gebracht, wie es um das Verhältnis von Juden und Nichtjuden in Deutschland bestellt ist. Es ist geprägt von Missverständnissen, Komplexen und antisemitischen Untertönen. Die gegenseitige Befangenheit 68 Jahre nach der Schoah ist immer noch groß.

Der bessere Ort für die deutsch-jüdische Begegnung ist Israel. Hier leben Juden und Nichtjuden, Israelis und Deutsche viel unkomplizierter miteinander. Im israelischen Alltag befremdet vieles, aber Deutsche und Israelis sind in besonderer Weise aufeinander gewiesen. Die gegenseitige Neugier, ja Anziehung in den menschlichen Begegnungen ist unübersehbar. Sie wird von einer einzigartigen Vielfalt und Tiefe der staatlichen und gesellschaftlichen Beziehungen begleitet. Sebastian Engelbrecht beschreibt die faszinierende Nähe, aber auch offene Probleme aus der Sicht eines Deutschen in Israel.

Bestell-Telefon 0341 7114116 · Fax 0341 7114150 · vertrieb@eva-leipzig.de

Bildung und Erziehung 2014 – ohne Abi und neben Beruf oder Familie studieren – Bewerbung bis 15.08.2013!

Im Sommersemester 2014 beginnt an der Katholischen Hochschule für Sozialwesen Berlin wieder ein berufsintegrierender Studiengang »Bildung und Erziehung«. Dieser kindheitspädagogische Bachelor qualifiziert für eine professionelle Tätigkeit in vorschulischen und schulbegleitenden Arbeitsfeldern der Bildung und Erziehung von Kindern (Kindertagesstätten, Ganztagsschulen, Schülerläden), der Elternbildung und -beratung sowie der Freizeitgestaltung mit Kindern und Familien.

Das Besondere an dem berufsintegrierenden Studiengang ist die Möglichkeit, auch ohne Abitur und neben Familie und Beruf zu studieren. Die Bewerbungsfrist läuft noch bis zum 15.08.2013. Bewerbungsunterlagen sowie weitergehende Informationen finden Sie unter: **www.khsbberlin.de**

Die Evangelische Landeskirche Anhalts sucht zum 01.09.2013 für den Kirchenkreis Dessau

EVANGELISCHE Landeskirche Anhalts

eine Gemeindepädagogin/ einen Gemeindepädagogen,

die/der die begonnene Arbeit mit Kindergruppen, Jugendlichen und Erwachsenen im ländlichen Raum fortsetzt und darüber hinaus die Arbeit mit Ehrenamtlichen und Eltern intensiviert. Die Einbindung der Pfadfinderarbeit und bestehender musikalischer Kreise ist erwünscht. **Die Stelle umfasst 100 %.**

Infos: www.landeskirche-anhalts.de/landeskirche/stellen

Stellenausschreibung
im Evangelischen Kirchenkreis Zossen-Fläming

Im Kirchenkreis Zossen-Fläming, der südlich von Berlin liegt, ist zum 01.09.2013 folgende Stelle im Stellenumfang von 100 % zu besetzen:

Gemeindepädagogin / Gemeindepädagoge
für das Handlungsfeld Arbeit mit Kindern

Zu den Aufgaben gehören:

im Stellenumfang von 50 %
- Leitung des Bereiches Arbeit mit Kinder im Kirchenkreis
- Fachberatung, Fachaufsicht sowie Fortbildung und Begleitung der Mitarbeiterinnen und Mitarbeiter in der Arbeit mit Kindern
- konzeptionelle Weiterentwicklung des Handlungsfeldes im Kirchenkreis
- Vertretung des Kirchenkreises in der Konferenz der Kreisbeauftragten Arbeit mit Kindern der EKBO

im Stellenumfang von 50 %
- gemeindepädagogische Arbeit mit Kindern in der Region (4) Teupitz
- Fortsetzung der bewährten regelmäßigen und projektartigen Angebote (Christenlehre, Familiengottesdienste, Rüstzeiten)
- Entwicklung von neuen Angebotsformen
- Vernetzung der Arbeit mit Kindertagesstätten, Schule und Kirchenmusik

Wir erwarten:
- (Fach-)Hochschulabschluss Gemeinde- bzw. Religionspädagogik oder Sozialpädagogik mit kirchlicher Zusatzqualifikation oder vergleichbarer Abschluss, gerne auch Theologie
- Berufserfahrung in der Kinder- und/oder Jugendarbeit
- Erfahrung in Personalführung und Personalentwicklung
- Kommunikations- und Kooperationsfähigkeit, selbstständiges und konzeptionelles Arbeiten, Bereitschaft zu flexiblen Arbeitszeiten und Reisetätigkeit (Führerschein der Klasse B sowie eigener PKW sollten vorhanden sein)

Wir bieten:
- interessantes Tätigkeitsfeld und Entwicklungsmöglichkeiten in der Arbeit mit Kindern
- Kooperation mit anderen Mitarbeiterinnen und Mitarbeitern des Kirchenkreises und in der Region
- kollegiale Beratung, Fortbildung
- Vergütung nach TV EKBO

Weitere Auskünfte erteilen gern
Superintendentin Katharina Furian: 03377/335610
Pfarrerin Müller-Lindner aus Teupitz: 033766/62262
Pfarrer Behnken aus Märkisch Buchholz: 033765/189988
Pfarrerin Kreyenborg aus Münchehofe: 033760/33224

Ihre Bewerbung richten Sie bitte bis zum 31.07.2013 an:
Evangelischer Kirchenkreis Zossen-Fläming, Superintendentur, Kirchplatz 5–6; 15806 Zossen, superintendentur@kkzf.de

In der Ev.-Luth. Kirche in Norddeutschland (Nordkirche) ist ab sofort die Stelle „Studienleiterin bzw. Studienleiter für Gemeindepädagogik" im Umfang von 50 Prozent am Pädagogisch-Theologischen Institut (PTI) der Nordkirche, Standort Mecklenburg-Vorpommern, Arbeitsstätte Ludwigslust, zu besetzen.

Das PTI der Nordkirche fördert mit einem engagierten Team von Mitarbeiterinnen und Mitarbeitern an den Standorten Greifswald, Hamburg, Kiel und Ludwigslust das Bildungs-, Erziehungs- und Unterrichtsgeschehen in Kirche, Schule und Gesellschaft. Besondere Schwerpunkte bilden die gemeindepädagogische Arbeit und der Religionsunterricht.

Mit der Besetzung der Stelle „Studienleiterin bzw. Studienleiter für Gemeindepädagogik" setzt das Institut sein Engagement für die Qualifizierung von Gemeindepädagoginnen und Gemeindepädagogen sowie Diakoninnen und Diakonen mit gemeindepädagogischen Tätigkeitsschwerpunkten fort. Das Zusammenkommen unterschiedlicher gemeindepädagogischer und Diakonats-Traditionen in der Nordkirche bietet die besondere Gelegenheit, gemeinsam mit den anderen Studienleiterinnen und Studienleitern des Instituts die gemeindepädagogische Arbeit der Nordkirche zu entwickeln und zu profilieren.

Für diese Aufgabe sucht das PTI eine Mitarbeiterin bzw. einen Mitarbeiter, die bzw. der im Rahmen einer ausgewiesenen theologischen und religionspädagogischen Kompetenz erwachsenenbildnerisch tätig sein kann.

Wahrzunehmen sind vornehmlich folgende Aufgaben:
- Begleitung des Anerkennungsjahres der Gemeindepädagoginnen und Gemeindepädagogen
- Beteiligung an der Leitung der gemeindepädagogischen Qualifizierung
- Fortbildungen in gemeindepädagogischen Handlungsfeldern
- Entwicklung von Unterrichtsmaterial
- Mitarbeit an der Entwicklung und Profilierung des Arbeitsfeldes Gemeindepädagogik im PTI der Nordkirche

Voraussetzungen sind:
- theologischer und/oder erziehungswissenschaftlicher bzw. sozialwissenschaftlicher oder gemeindepädagogischer Hochschulabschluss
- mehrjährige Berufserfahrung in der Kinder- und Jugendbildung
- Erfahrungen in der Vorbereitung und Durchführung von Fort- und Weiterbildungen
- kommunikative Kompetenzen
- Mitgliedschaft in der Nordkirche oder einer anderen Gliedkirche der Ev. Kirche in Deutschland

Dotierung und Einstellungsmodalitäten:
Die Stellenbesetzung soll zum nächst möglichen Zeitpunkt im Umfang von 50 Prozent erfolgen. Dienstsitz ist Ludwigslust.

Die Bezahlung der Stelle richtet sich nach dem Kirchlichen Arbeitnehmerinnen Tarifvertrag (KAT).

Richten Sie Ihre Bewerbung bitte bis spätestens 31. August 2013 an Herrn OKR Prof. Dr. Haese, Landeskirchenamt der Ev.-Luth. Kirche in Norddeutschland, Dänische Straße 21–35, 24103 Kiel.

Auskünfte erteilt Hans-Ulrich Keßler, Hauptbereichsleitung Aus- und Fortbildung, Tel. 040 30620-1301. Az. 30-HB 1.35 - DAR Bk